国家出版基金项目
NATIONAL PUBLICATION FOUNDATION

春生弦诵

江南风俗图录

第6卷

文教卫生卷

◆ 杏林弦歌的文明星火 ◆

Illustrated Chronicles of
Jiangnan Customs

- Vol. 6 -

Yellowed Tabloids and Itinerant Physicians

仲富兰 著

上海辞书出版社

江南风俗图录·第6卷·春生弦诵

辞书微信公众号二维码

本书为《江南风俗图录（1840—1949）》分卷之一。整套书随附别册，内容涵盖《江南风俗图录》全书总览及各分卷简介、十卷本内在关联分析与跨学科阐释、与仲富兰民俗学研究脉络的勾连、核心参考文献汇释、仲富兰民俗文化学学术著述系年，另收录总序、后记等文稿。为便于读者共享别册内容，上海辞书出版社公众号设“《江南风俗图录》别册”专题，供各界参阅。

"十四五"国家重点出版物出版规划项目

国家出版基金资助项目

上海文化发展基金会图书出版专项基金资助项目

仲富兰

当代民俗学家。上海人。毕业于复旦大学哲学系。华东师范大学教授、博士生导师，上海市民俗文化学会创始会长及名誉会长，中国民俗文化学科的开拓者和奠基人。1986年至今已出版《中国民俗文化学导论》、《中国民俗学通论》（三卷本）、《上海六千年》（三卷本）、《图说中国近百年社会变迁》（四卷本）、《民俗传播学》、《江南风俗与信仰》、《上海民俗——民俗文化视野下的上海日常生活》、《上海小史》、《节日里的中国》、《图说中国人生礼仪》等50多部著述，部分被译为英、俄、日、韩等国文字在国外出版。承担“十四五”国家重点出版物出版规划项目《江南风俗图录（1840 —1949）》（全十卷）及上海市相关文创研究课题。 2019年起主编《民俗掌故日历》（上海辞书出版社，至今共计7版）。另有大量论文和文章散见于海内外报章期刊。

Zhong Fulan

A contemporary folklorist from Shanghai. He graduated from the Department of Philosophy at Fudan University and is currently a professor and doctoral supervisor at East China Normal University. He is the founding president and honorary president of the Shanghai Society of Folk Culture Studies, and a pioneering and foundational figure in the academic field of Chinese folk culture.

He has published over 50 works since 1986, including *An Introduction to Chinese Folklore*, *General Theory of Chinese Folk Culture* (three volumes), *Six Thousand Years of Shanghai* (three volumes), *Illustrated History of Social Changes in Modern China* (four volumes), *Folklore Communication Studies*, *Jiangnan Customs and Beliefs, Shanghai Folkloristics: Daily Life in Shanghai through the Lens of Folk Culture*, *A Brief History of Shanghai*, *China in Its Festivals*, and *An Illustrated Guide to Chinese Rites of Passage*. Several of these have been translated into English, Russian, Japanese, Korean, and other languages for international publication.

He is leading a major national publishing project under the 14th Five-Year Plan: Illustrated Chronicles of *Jiangnan Customs (1840–1949)* (ten volumes), as well as related cultural and creative research initiatives in Shanghai. Since 2019, he has served as editor-in-chief of *The Almanac of Folk Culture and Anecdotes* (Shanghai Lexicographical Publishing House), which has been released seven editions to date. His numerous papers and articles have appeared in newspapers and joumals both in China and abroad.

光影铭沧桑

图卷展风华

目录

第三章

科技与文化事业的兴起

101

第四章

报业出版与新闻通信业

139

第五章

通俗文化兴起与洋货走俏

175

概述

社会生产方式和生活方式的更新，势必导致社会文化结构和文化价值观念的剧烈变化。近代史上产生和发展起来的社会文化现象，又并非是中国传统文化的直接延续和发展，西方文化的主动冲击和中国人的被动借鉴，甚至具有更加重要的意义。于是，就出现了以中西文化冲撞交融为主要特征的，又同时容纳或联结古今、中西、新旧各类成分的奇特现象，文化教育和卫生事业，成为近代社会文明得以逐渐进步的基本条件。

一、社会改造的先驱力量——新式教育

率先向中国传统教育领域发起冲击，并成为中国自办新式教育样板的，是西方传教士在华创办学堂的活动。近代中国的第一所新式学堂于1835年在澳门由德籍传教士建立，继而又有美籍传教士创办的马礼逊学堂出现在香港。从19世纪中叶起，教会办学的潮流由各通商口岸向着内地汹涌而来，到20世纪20年代前后，总共创办了近5 000所学校，其中包括著名的圣约翰、岭南和燕京等13所大学，学生约20万人。而其时由中国人自办的国立与私立大学加起来只有8所。

1844年，英国女传教士玛丽·安·爱尔德赛（Mary Ann Aldersey，1797—1868）在宁波创办女塾，这是外国人在华设立最早的女子教会学校。1845年，美国长老会在宁波设立崇信义塾，招收学生30人，这所义塾成为后来之江大学的前身。1849年，法国天主教耶稣会在上海创办圣依纳爵公学，后改为徐家汇公学。1850年，美国圣公会传教士裨治文夫人格兰德在上海办裨文女塾；同年，美国传教士麦利（R.S. Maclay）和夫人斯佩里在福州创办女塾；美国长老会在上海开设了清心书院，英国圣公会在上海开设了英华书院。1853年，美国公理会在福州开设格致书院；同年，法国天主教在天津开办了法汉学堂、诚正小学和淑贞女子小学。外国传教士在华办学越来越多，教会学校迅速增加，成为近代中国新式教育的先驱和输入西方科学文化的媒介。

教会学校在教学内容上，彻底突破了中国旧式教育只讲四书五经的狭隘范围。除传授宗教神学外，还引入了史地理化等各门社会科学和自然科学知识，极大地拓宽了学生的知识面；在教学方法上，完全

打破了中国旧式教育只管死记硬背且轻视实践的僵硬模式，除按学生知识程度高低分别使用教材外，一般普遍重视相关的科学实验；在教学对象上，首次冲破了中国旧式教育对于妇女的封建禁锢，创办了数量可观的女子学校，培养出一大批具有一定科学知识、完全不同于旧式文人的新型知识分子，其中相当一部分人成为创办中国新式教育的骨干。此外，教会学校在中国近代体育教育、生理卫生教育、艺术教育和中西文化交流等方面，多有发轫和促进之功。传教士早期在中国开办的教会学校，一般以小学为主。从鸦片战争到1860年《中英北京条约》《中法北京条约》签订前的20年间，传教士们主要是在中国被迫开放的五个通商口岸和香港开办一些规模小、程度低、附设于教堂的初等学校。后来出现少量中学，约占总数的7%。其中有相当一部分是女子学校，基督教办的350所教会学校中，有121所是女校，约占34%。学生多为一些穷苦人家的孩子，学校免收学费。

教会办的高等学校则大抵是在20世纪初正式建立和发展起来的，在江南，如东吴大学（1901年设于苏州）、震旦大学（1903年设于上海）、沪江大学（1908年设于上海）、金陵大学（1910年设于南京）、之江大学（1911年设于杭州）、金陵女子大学（1915年设于南京）等。

完全由中国人自行主持创办的新式学校，最早在19世纪60年代开始陆续出现。首先脱颖而出的是一批以学习西文和西学为主的语言学校，如京师同文馆、求是堂艺局、广方言馆、广州同文馆等，接着又是一批以学习西方科学、工程技术和军事为主的专业学校的开办，如福州船政学堂、江南制造局附设机械学堂、天津电报学堂、北洋水师学堂等。这些在当时被称作新式学校的教学机构，虽然在引进西方科学文化技术、造就实用新式人才并致力于新式外务矿务军务商务等诸项建设的各方面显示出极大的优越性，但无论从数量还是从办学宗旨、体制和教学内容来说，与完全意义上的近代学校仍有距离。

在这些新式学校创办的同时，科举制度依然存在，国人以进学为从仕之途的旧教育观念仍然根深蒂固，由私塾、学宫、书院、国子监等各级层次结构而成的旧教育体制，和以儒家经典为主要内容的旧教育内容，依然是社会教育生活中的主导力量。颇具说服力的例证是：不少在同文馆就读的学生，一方面领取津贴在馆学习英文和数学，另一方面仍在为准备乡试而背诵四书五经和操习八股策论。

传统教育结构的根本性瓦解从19世纪90年代开始，以康有为、梁启超等为首的维新派大声疾呼，国家的富强之途在于人才的造就和发挥，而这一条件的实现，则必须革除以科举制度为特征的旧教育体制，代之以新式学校为特征的新式教育制度。这些主张在短暂的戊戌新政中得到部分体现，如新式学堂的扩大开办，京师大学堂的创立，科举制度的改革与废除八股，译书局的设立，等等。此后，虽然维新派改良政治的整卷宏图因变法流产而未得实现，但发展新式学堂以改变国人旧教育观念和提高全社会文化素质的目标并未完全落空。据统计，到1904年时，我国各地新式学堂的总数已达4 222所，学生人数为92 169人。

科举只是为官方选拔行政官员，做不到为社会输送各类人才。当行政官员在全社会的人才中所占比例越来越低时，科举制的适应范围也越来越小。科举制度存在了1 300余年的历史，在中国历史上曾经起过重要的作用，到晚清时，废除科举制度，建立具有近代意义的教育制度势在必行。从学校教育内容来看，它打破了传统儒学的一统天下，使西学得以广泛传播，学校虽仍设有读经课，但只是作为思想文化教育的内容之一。此外，增设了国文、史地、美术、音乐及自然科学方面的课程。各类专门学堂也如雨后春笋般建立起来。新式学校的建立，造就了具有近代意义的新型的知识分子群体。

科举制度虽然表面上是一种公平的选拔制度，实际上还是受到封建等级制度、世族势力、官僚腐败等因素的影响和制约。科举制度也造成了社会的保守和僵化，使得士人只重视考试，不重视实际；只迎合权势，不敢创新。它限制了思想的发展和创新，使得儒家思想成了唯一的正统思想，排斥了其他思想流派和学术观点，也使得士人只重视经典的死记硬背，不重视理论的分析和运用，使得士人只重视文言文的刻板模式，不重视白话文的自由表达。它阻碍了科学技术的进步和革新，使人们变得对自然科学和实用技术缺乏兴趣和关注，甚至对之轻视和排斥，导致人们对西方科学技术的引进和借鉴缺乏开放和敏感，乃至起而抵制和反对。

清末庚子国变后，清廷设立学部，下令废除科举制度，并通令各省广设学堂，广派留学生，这些措施的推行使“进学求仕”的思想逐步让位于“进学从业”的意识，新式学堂和学生人数成倍增长。根据1909年统计，全国新式学堂的总数已高达52 348所，学生人数1 560 270人，其中包括我国自办的京师大学堂、北洋中西学堂、南洋公学等一批最早的国立大学。

从“进学求仕”到“进学从业”的社会思潮大转折中，一个区别于旧官僚缙绅阶层的新型知识分子群体开始出现。他们因接受新式教育而获得现代知识，然后在他们的影响下，逐渐改变了价值取向和知识结构的社会各界人士导引着中国社会缓慢又是不可逆地向着文明和民主的方向前进。

教育观念的转变和教育制度的改革，也为幼儿教育、成人教育、职业教育、特殊教育等其他教育部类的极大发展开辟了前景。有关开办各种“实业学堂”的章程，早在清朝末年已由政府颁布和实行，随着民国的建立和“进学从业”观念的深入人心，各种职业学校、技术学校、补习学校、女工传习所和农民耕余补习班等如雨后春笋般出现，形成了一个以传授谋生之技和提高劳动者素质为目标的职业教育热潮。与此同时，体现民主政治愿望的平民教育和旨在提高全社会成员科学文化水准的成人教育也有相当规模的发展，各类简易识字课堂、夜校和函授学校等大量涌现。

兴学热潮的高涨在很大程度上得助于社会办学力量。一方面，私立学堂在初级和中级教育层面中蔚然可观，数量增长快速。以上海为例，由富商叶澄衷（1840—1899）捐资兴办的澄衷学堂和川沙杨斯盛（1851—1908）捐产兴办的广明小学和浦东中学等，皆成为同业中的翘楚。另一方面，大潮翻卷，鱼龙混杂，其中也不乏那些只是以营利为目的的“骨头学堂”“野鸡学堂”等。

教育社会化和社会办教育之势头的形成，也透露出中国社会正由传统单一的耕织结构，向着多样化的农工商并举的复杂结构发生转变的信息。

随着新式学校的广泛开设，从晚清开始，各地学校纷纷自编教材，以应急用。南洋公学首先自编《蒙学课本》，代替《三字经》《千字文》《神童诗》等。复有无锡三等学堂自编《国文读本》，并经文明书局改编出版为《蒙学读本全书》。但这些教科书，内容编排缺少统一策划，课文选择也常常不合学生心理。1904年，商务印书馆始印小学教材，《国文教科书》是最早有计划、大规模编印教科书的尝试。继而推出《修身》《格致》《算术》《地理》《珠算》和各种商业课本，以及与之相应的教师参考书。接着又编《最新中学教科书》，同样获得成功。中华书局、开明书店等出版社的各类教科书也陆续问世。尤其是民国后小学停止读经和五四后课本改行白话，是学校教材的两个重大改革。大学教材，除中国文史等少数课程外，多系依据外国原本翻译或改编。不少学校，尤其理工科大学，聘有相当数量外籍教师及留洋归国教师，使用外文原版教材。“课堂上，除国学课程外，都用外语讲授……在一些教程中，几乎听不到用汉语讲话”，这种使用外国教材和外语讲课的情况，到20世纪20年代下半期之后，才逐渐有所改变。

在近代中国教育发生巨大变化的整幅运行图中，留学生的派遣是一个重要方面。留学生既是中国人走向世界的一支先锋队，又是中国社会变动中引来异域文明的劲旅。中国人第一个留学西方并学成归国的是广东人容闳（1828—1912）。1847年1月容闳赴美。1854年，容闳怀揣耶鲁学院（今耶鲁大学）的毕业文凭，返回中国。他上书朝廷，请求政府“选派颖秀青年，选送出洋留学，以为国家储蓄人才”。自1872年至1875年，共有120名“幼童”，被派往美国。后虽因顽固派从中阻梗，这批留美学生于1881年被撤回国，留美事务所也被关闭，但从中也培养出如著名政界人士梁放彦、唐绍仪、伍廷芳等，以及著名工程师詹天佑等杰出人才。坚冰已经打破，有此留学之先例，各地洋务派纷纷效仿。

1877年，福建船政学堂选拔学生分赴英法留学。在这批学生中，有后来成为海军统带和将领的刘步蟾、林泰曾、林永升等，更有著名启蒙思想家严复。正是严复翻译的西洋政法哲学诸书，改变了几代中国人的传统观念，触发起一场思想革命运动。此后，留学美国、法国、英国、德国等西方国家的公、私留学生络绎不绝。自1896年起，留日学生人数也大幅度增加，到1906年，留日学生人数超过10 000人，竟出现一个空前的高潮。由于日本的特殊社会状况，更由于中日两国近代以来的微妙关系，使得20世纪留日学生成为中国历史政治活动的中坚。如戊戌政变后流亡日本的梁启超，曾在日本创办报刊，组织讲学。孙中山领导的革命党人，有许多是留日学生，如黄兴、陈天华、宋教仁、邹容、秋瑾，以及蔡元培、章太炎、陶成章等，还有鲁迅、郭沫若等文学革命先驱。五四时期的亲日派章宗祥、曹汝霖，以及后来的汪精卫等也出自留日学生中。辛亥革命后，中国学生发起赴欧勤工俭学，人数最多者为赴法留学生。留法学生中，产生了如周恩来等一批中国早期共产主义者。

当时的人们普遍相信，留学是寻求救国之路的必要途径。“留学生者，强国之原素也。凡吾学生之爱国者，不可以不留学”。五四运动前，留日学生是最早的“盗火者”。陈独秀、李大钊都曾留学日本，1920年中国共产党早期组织在上海成立时的8名发起人中，就有6人曾留学日本。五四运动后，一股新的留学大潮风起云涌。中国青年的留学热点不再是西方思想文化的中转站日本，而是其直接发源地，其中又分为三股潮流：留学欧美如美国、英国、法国、德国等，赴法勤工俭学，苏俄受训。此后，风雨来兮，新潮浩荡。五四之子们负笈出洋，从此向左转，向右转，阵营两分，命运殊途。

二、科学思潮与科学技术的变革

科学文化的诞生是现代社会的产物，也将是现代文化的必然归宿。近代社会以来，当支柱产业由农业转为工商业，工商业人口比例显著提高，工商业产值在社会经济中所占比重占压倒性优势。而以现代科学技术的广泛应用为特征的工业化进程，既是辅佐工商业登上支柱产业宝座的利剑，其本身又因工商业资本的壮大而得到促进。主导经济模式由小农经济转向商品经济，社会分工和协作的规模极度增大，经济循环的流程加长，原本各自独立的局域经济体之间的相互依存度不断加深，无论人力、物力还是财力，资源的跨区域配置乃至全球配置成为常态。

在知识和思想领域，人类对自然的认识得到了极大的提高，并广泛普及。人类改造自然、应对自然风险的能力不断增强，由此导致了对传统神学和神秘主义思潮的挑战。理性主义和世俗主义代替蒙昧主义和宗教虔信，成为社会文化的主流。生产和军事技术的变革，彻底改变了社会政治生活中的力量对比，使传统社会中基于封建土地所有制的资源与权力分配模式，让位于流动性更强的资本，并表现为将国家、领土乃至人民视为一家一姓之私产的封建国家的解体，推进了“主权在民”的民族国家的诞生。

在小农经济模式下，一个自给自足的小规模农业社区，可以长期稳定地独立存在。而发达的商品经济，导致陌生人之间的商品交换成为常态，经济体规模的扩大更增加了社会治理的复杂程度，柔性规范几乎不可能有效发挥约束作用。要约束社会成员的行为，保证陌生人之间有效合作，共同维持社会运转，就需要更具刚性的契约和法律。现代文化重律法、重契约、重书证，在以简单体力劳动为基础的传统农业生产中，男女两性生理特征上的客观差异，势必造成其劳动效率上的区别，从而影响其经济地位，造成女性在经济上依附男性的客观事实。而工商业社会兴起后，低体力强度、高精细度要求和高人际协调能力要求的工作岗位大规模出现。在这些岗位上，传统体力优势对竞争力的影响不再明显，而女性的细心和人际协调能力，甚至使其在某些方面比男性更具竞争力，从而开辟了女性经济独立的可能性。而一旦摆脱了对男性的经济依附，女性作为社会群体的整体地位的提升与政治权益的扩展也就成为了必然。

许多技术产生于手工业生产，而商业的发展会刺激手工业者改进技术，提高生产效率。中国古代采取了重农抑商的政策，限制了商业与手工业的发展。况且，国家还长期垄断重要行业的生产，使得技术进步缺乏动力。如烧制陶瓷分官窑和民窑，官窑的技术不准外传，影响了造瓷技术的交流。小农经济的保守性也是科技落后的一个根源。小农经济具有自给自足的特点，不需要和外界进行交流，因此相对封闭。这个特点阻碍了农业和手工业技术之间的互动，导致中国的科技相对零散，难以成为体系。同时，小农经济的自给自足性，也是明清时期采取“海禁”和“闭关锁国”的根源所在。英国马戛尔尼使团访华的时候，乾隆曾说“我中原数万里版舆，百产丰盈，并不借资夷货”，这样闭关锁国的政策最终造成了中西科技文化交流中断，加速了中国科技的落后。

三、晚清民国新闻报业与出版的艰难发展以及广播通讯业的发展

中国是世界上最早办报的国家，由唐宋之“邸报”“报状”迄明清之“京报”和“邸抄”，历经一千余年。全由民间经营的印刷报纸也早在北宋后期就已经出现，到明清之际还有过相当规模的发展。但是，中国传统办报史的主导面是报纸的内容局限于朝廷旨令章奏的发布和政治动态的报道，传报组织系统更为封建官府所把持，阅读范围也限于各级官吏。其政治功能的发达与对文化传播的影响恰成反比，同普通民众的生活基本没有多大关系。

当历史进入19世纪，在西方各国的新闻事业凭借工业文明兴盛的成果而得到极大发展之时，这种手工印刷、驿卒传送的古老的通信手段愈发显得陈旧落后，无法适应社会经济结构、政治制度和文化生活已发生的剧烈变化。在此历史条件下，乃有近代中国新闻广播事业的产生和发展。

近代中国新型报刊的先驱，以新闻和言论为主要内容，并以铅字印刷为特征的报纸在中国出现，和西方科学文化在中国传播直接相关，尤以西侨所办中文报刊的影响为著。早在1815年，英国传教士马礼逊、米怜就在马六甲编辑出版了一份名为《察世俗每月统记传》的期刊，这是第一份以中国人为发行对象的中文期刊。此后，基督教传教士又陆续在南洋、香港、澳门和广州等地编辑出版了如《东西洋考每月统记传》《天下新闻》《各国消息》等一系列中文报刊。五口通商以后，基督教传教士在华的办报活动进入全盛时期，从19世纪40年代到90年代将近半个世纪的时间内，他们先后创办了近170种中外文报刊，约占同时期中国报刊总数的95%。外侨办报，都采用先进的印刷技术，内容除传教布道外，着重介绍西方科学文化知识和国际国内新闻时事，同时还有文艺诗词等副刊性文字及商情、船期、广告等专载。在传播西学和沟通、促进中外文化交流的同时，实际上也起到了近代中国新式报刊之先驱的作用。

外商所办近代中文报刊，实际上是西方传播媒介的中国化，而因为其形态上的西式，所以刚开始时并不能马上为广大的中国人所接受，其阅读对象局限于基督教徒和留意学习西学的知识分子这两个群

体。到19世纪50年代太平天国战争爆发后，一些报刊以大量篇幅及时报道时局和战况，国民借此而获得许多国家政治与军事方面的信息，竟使得报纸成为抢手货，形成了“凡注意战事者，靡不人手一纸”的争相阅读的局面，民众新闻观念得以迅速增强，报纸的发行范围从此拓宽。

19世纪60年代以后，随着传统经济结构的解体和近代商业社会的逐步形成，城市民众的商业意识不断得到强化，以牟利为目的的商业报纸适时而生，并取代以传播洋教西学为主的报纸，从而成为国内报刊的主流。最有代表性者当首推由英国人美查（Ernest Major, 1830—1908）创办的《申报》（1872年4月30日发刊），它首次实现新闻、言论、文艺副刊和广告四要素的有机结合，尤以适应近代社会发展工商事业需要的商情和时事为主，这以后，如《字林西报》《新闻报》等商业性报纸也竞相蜂起。新闻报纸逐渐渗入社会生活，产生了深入人心的重要影响。

在西侨创办中文报刊潮流的推动下，由中国人自己创办的近代报刊于19世纪70年代初开始发端。随着维新运动的到来，国人办报形成空前高潮，影响尤著者如《中外纪闻》《强学报》《时务报》等，其特色后来又几乎毫无例外地为立宪派、革命党乃至民国成立之后所有党派政团的办报活动所保留，报纸成为宣传政纲主义的喉舌和开展政治斗争的工具。诸如《中国日报》《民报》《新青年》《民国日报》等党团报刊，先后在辛亥革命、新文化运动和抗日救亡斗争等各个历史时期发挥过积极作用；此外不以党团相标榜但所发政论态度仍较鲜明并在读者中产生过重要影响的还有《大公报》《晨报》《京报》《新民报》《文汇报》等；而1928年创刊的《中央日报》则有“官报”之称。

比之新闻、商情和政论性报刊而更能为社会下层民众所接受的是各类通俗性报刊。早在维新运动时期创办的《蒙学报》《演义白话报》等是近代中国最早的通俗性报刊，以后几年间同类报刊纷呈迭出。它们的共同特点不仅表现在“白话”这一形式，更以其功用专供市民消闲娱乐，取材世俗，运笔浅显，形式不拘，具有浓厚的市民性特点，“使农工商贾妇人竖子皆得观之”。其中卓有影响者是以上海为基地的《小说林》《月月小说》《绣像小说》和《新小说》，号称清末四大小说期刊。通俗性报刊因适应商业社会文化生活特点而广受欢迎，反过来也给新闻、商情性质报刊的编排发行以启迪，除了在副刊等版面多加改革之外，一时间各报竞相开办通俗小说连载以招徕读者。

民国时期，民办报刊进入勃兴阶段，通俗性报刊尤其活跃，并按戏曲、电影、体育、生活、文艺、娱乐等类别实现了专门性分工，而且多以知识性和趣味性的结合为主。及新文化运动发生以后，连同诸多大报的副刊、附刊一起，这类报刊开始分流两途，一途为宣传新思想，刊载新文艺作品，介绍新知识，讨论新问题，渐呈严肃；另一途是以游戏笔墨为主，所谓“以流利与滑稽之笔，写可奇可喜之事”，其间又有许多以形制较小而被统称为“小报”的纯消遣性报纸风行一时，销数之畅足以与各大报相颉颃。自此各类报刊的阅读更成为民众业余生活中不可或缺的重要内容。

与通俗浅显的白话文字相比，对于文化层次较低甚至不识一字的读者来说，图画的吸引力自然又要更多一层，何况左图右史、图文并茂原是传统中国文化的重要传播形式。是以近代中国报刊发端之初，即有图画专载，内容大抵还包括历象、生物、机器、风景之类，镂以铜版，费用颇巨。1877年6月，由国人自办发行的近代中国第一份画报《寰瀛画报》问世。7年后，以新闻时事图画为主的旬刊《点石斋画报》在上海创办，始开新闻画报之先声，一时效仿而起的还有《飞影阁画报》《书画谱报》等多种，而形式俱是工笔白描，石版印刷，还不能称得上是严格意义上的现代画报。直到20世纪初期，照相铜版技术在新闻界普及后，才迎来了画报的革新。诸如《图画周刊》《星期画报》《申报画刊》等完全近代意义上的画报相继创刊，率以取材严谨、印刷精美、讲求真实与艺术相结合而获誉，其效应在民众文化生活中影响大开。1926年创刊的《良友画报》是近代中国最早的大型画报，初用铜版，后改为影写版，已成为一部珍贵的历史性实录。

与近代新闻事业孕育产生相伴而行，并获得空前规模发展的是近代中国的新型出版业，其基本动力来自社会经济的剧变而导致的社会意识形态及其表现方式的巨大变化。19世纪40年代以后，传教士们的铅印机构因五口通商的确认开始陆续进入中国的土地，除积极创办报刊形成近代中国新闻事业先驱之外，翻译和出版书籍成为另一项最重要的文化活动。以上海为基地的“广学会”，是近代中国由西洋传教士主持的影响最大的翻译和出版机构。据不完全统计，近30年间，广学会共出书2 000余种，其中属于宗教宣传品的不足三分之一，其余均为西方自然科学和社会科学方面的书籍。另外，还有不少外资印刷机构在各通商口岸的经营，如最先采用石印技术的土山湾印刷所，以及用畜力推动机械印刷机轴的墨海书馆等。

国人自办出版业在这一时期也破土萌芽，长足发展。西侨在华的印刷出版活动，为先进的中国人了解和认识世界提供了条件，在中国人中形成一股向西方学习的社会思潮，也推动了国人自办新型出版业的产生和发展。19世纪60年代先后在北京成立的同文馆和在上海设立的江南制造局翻译馆，是我国最早的由政府主持的出版机构，翻译出版各种西方工艺制造、自然科学和社会科学方面的书籍，是这些机构除技学以外主要的业务活动。嗣后，广州、福州等地的近代新式学堂如方言馆、水师学堂等，也都相继兼办翻译出版事业。随着19世纪末维新运动的到来，中国近代出版事业进入高潮，各种官立民办的出版机构蜂拥而起，其中最有代表性的是大同译书局和商务印书馆，出书的范围也由西方科学书籍拓宽至文艺作品、教科书籍、中国古籍及各种工具书等。其中尤以如邹容著《革命军》，陈天华著《警世钟》《猛回头》等各种宣传革命的通俗性小册子，包括一些翻译或创作的文艺小说，最是深入民众，在社会生活中起到潜移默化的作用。在翻译作品中，又以林纾的翻译作品影响最大。利用先进的印刷技术大量翻印乾（隆）嘉（庆）以来投刻的古书，则是这一时期官刻书局的主要出版业务。

以中华书局为代表的第二代新型出版机构的接踵问世，均是辛亥革命的直接产物。国人自撰学术著述和各类文艺作品的不断增多、大型工具书和丛书的编定及古籍的系统整理重印等，蔚为大观。而其中尤与普通民众文化生活最为贴近者，除各种期刊杂志以外，以通俗小说和连环画两类影响最为深远。通俗小说又分古典和现代两方面。古典通俗小说如《水浒传》《三国演义》《红楼梦》《西游记》《儒林外史》等被制成各种版本广泛刊印：现代通俗小说泛指当代作家所编写的以武侠、言情、侦探、社会写实等题材为主的新创作，后者除大多染有形式循旧、格调浅俗等气息外，在暴露社会黑暗、谴责军阀横暴、抨击封建专制、讴歌民族英雄及鼓吹婚姻自由等方面，都具有程度不同的积极作用。更因其从内容到形式都较迎合一般市民的口味，畅行甚广。连环画形式由上海的世界书局首创，最初是把《西游记》《封神榜》等古典通俗小说改编成连环画故事成套推出，以后题材逐渐拓宽，一时以“小人书”之名风行全国，然此类读物的阅读对象远远不止儿童，业已成为众多识字不多的普通百姓喜爱的读物。

在排山倒海的新文化运动影响下，20世纪20年代以后的中国出版界呈现出新思想新科学新文化译著出版热和古代典籍整理出版热两大潮流并行的现象，而在一般民众中广泛流传的读物，则仍旧以知识性消遣性的期刊、通俗小说和连环画为大宗，三者互相竞争，促成了社会生活中出版物的活跃与繁荣。

四、通过无线电波传送音响节目的近代广播事业

近代广播事业首先产生于20世纪20年代初的西方，几年之后即传入中国。1923年1月23日，由英美报商创办的“大陆报——中国无线电公司广播电台”正式开播，此后，美商新孚洋行、美商开洛电话材料公司等相继设台播音，揭开了中国广播新闻事业的第一页。早期外商广播电台的播放内容，除新闻和宗教节目之外，多为西洋音乐，主要为侨民服务。在中国人购置收听广播节目设备者逐渐增多后，这些外商电台开始安排较多的中国曲艺节目等，并在新闻节目里增加时事商情等内容，以适应中国听众的需要。

1926年10月1日，在东北地方政府的积极支持下，中国人自办的第一座广播电台——哈尔滨广播电台正式开播，呼号XOH，发射功率100瓦，每天播音两个小时，并设有汉语、俄语和日语三个语种的节目。翌年，上海新新公司又开办我国第一座私营广播电台，发射功率为50瓦；到年底，北京也出现了一座商办的燕声广播电台。

私营广播电台的开办多与工商经营活动直接联系，如新新公司设台开播的初旨即在推销该公司自行制造的矿石收音机。这些商办电台除播发新闻外，均重视文艺节目和广告的编排。如新新公司电台的文艺节目在播放唱片以外，还经常转播游艺场内的曲艺节目等，很受一

般听众欢迎。1928年8月，近代中国第一座全国性的广播电台——中央广播电台在南京开播，各大都市均有地方政府创办的电台开播并定时转播中央广播电台的节目。与此同时，更多的民营广播电台相继出现，其中至少有约半数集中在上海一处。节目内容也由商情、新闻、文艺等向着言论、教育、娱乐、社会乃至宗教等多方面扩展，日益成为社会生活中一个重要信息源。1932年一·二八淞沪抗战后，上海各广播电台及时播送前线抗战消息，有的还利用广播积极组织募捐衣物、医药、食品、交通工具等支援中国军队抗日，从而使得广播这一新兴的传播媒介与民众的爱国热情融为一体，发挥了巨大的作用。

从20世纪40年代起，随着国家无线电通信和传播技术的进步及国民抗战热情的进一步高涨，中国的广播事业进入了一个新的发展阶段，据1944年统计，仅国统区内的国营广播电台就有33座，发射功率为1 544瓦，使用语种达十数种以上，并分别开办了面向欧美、苏联、日本和东南亚听众的固定节目。由中国共产党创办的新华广播电台，也于1940年12月30日在延安正式开播。尽管在沦陷区内民营广播电台饱受摧残，而由日伪控制的广播电台则猖獗一时，但广大民众仍克服各种困难，积极收听来自延安和重庆的广播节目。

在新闻广播事业产生和发展的同时，近代中国通讯社事业也在发展之中。通讯社是采访、收集并向报刊、广播电台提供新闻、图片和其他资料的机构。和报刊社、广播电台等其他新闻传媒一样，中国最早的通讯社事业也是在向西方的借鉴和学习过程中起步的。

早在19世纪70年代，欧美各国的通讯社即在中国积极开展新闻采访活动，其中尤以英国路透社的影响最大，几乎在中国各重要城市都派有记者，而国人自办新闻事业中有关国际新闻的资料和消息来源，亦仰取于斯。直到辛亥革命发生前一年（1910），全国报界促进会议决定设立通讯社，成为中国人自办通讯社的发端，迄20世纪30年代，全国已有大小通讯社凡150余家，其中先后在社会视听文化生活中起过比较重要影响的有新闻编译社、国民通讯社、国闻通信社、中央通讯社和新华通讯社、国际新闻社等。

五、民国医疗卫生事业的进步与发展

中医是我国的“国粹”之一。在漫长的历史演进过程中，中国人民积累了丰富的医疗经验，总结出一整套包括针灸推拿、阴阳五行、经络学说等在内的独特的医学理论和治疗方法，成为世界上一门独立的医学体系。到16世纪，西方医学随传教士进入中国，但只囿于少数教徒的圈子，对广大民众影响甚微，嗣后，西医东传的进程因各种原因又中断了多年，直到19世纪前期才告恢复。当时在澳门、广州等地的英美传教士，多以医疗活动作为其在中国扩大影响的主要的非宗教性事业。五口通商以后，由教会开办的医院陆续出现在各主要通商口岸和都市中，不少中小型的诊所更循传教士的足迹深入内地，有些教堂的神职人员还兼理医疗业务。

19世纪60年代前后，随着新式教育和出版等文化事业的兴起，西方医学的传播开始进入繁荣时期。一方面是大量的西医西药书籍和教科书被刊译出来，增进了中国人对西方医学知识的了解，另一方面则是西医西药在诊疗活动中的显著成效，逐渐地改变了多数民众对它的固有成见。一位不太出名的外国女医师回忆道：她的第一位病人是小孩，她用蓖麻油给医好了，接着一位政务官又请她去给夫人看病，也得到了治愈。从此，她在当地官民中声誉鹊起，前来问医求药者络绎不绝。

西侨中宗教和医学人士借西医西药声誉不断提高之势，在加速和扩大医院开办等活动的同时，又积极开展起西医西药学的教育活动。这项活动由训练教会医院内的华人助手开始，发展成医院附设传习所，学校及独立的医学院校的陆续创设，推动近代中国最早一批西医西药人才因此而得以产生。

西方医学知识的传播及其效果的显现，促进了中国传统医事制度的改革和观念的改变。就官方而言，这种改革始于19世纪60年代的新政即所谓“洋务运动”期间。1865年北京同文馆特设医科学系，聘外国医学专家教授西方医药知识，可看作中国有新医学教育的开始。以后数十年间，各种官立、公办和私立的新式医学院校相继建立。伴随科举制度的废除和民国的创立，西人倡导的新医学教育得到更大的发展，除一般医学院校以外，大多数省会和重要城市还开设了护士学校和助产学校。而医药学人才的广泛造就，又为国人自办医院诊所这类新式医疗机构提供了可靠的人才来源。据南京国民政府1930年度调查，同年在全国专科以上学校就读医药学的学生数达1 676人，遍布各地的医院和诊所则近2 500所之多。在此期间，传统的中医药虽曾一度遭遇来自民间和官方的冷落乃至贬损，但终因其自身所具有的西医药所不能代替的优越性而依然留存。部分医学界中的有识之士，也在中西医的结合方面开始了有益的探索。

和近代新式医事体制及医疗事业同时产生和发展起来的是新型的卫生行政事业。在行医资格考评方面，最初的更张措施是在地方科考中专设医学科目，合格者给予文凭准予行医。清光绪三十二年（1906），清政府开始设置民政部。民政部成立以后，行医考选的业务则划归各行省警政办理。在病疫检查和防治方面，全国性的海港检疫系统，早于19世纪70年代前后就建立起来了；嗣后，民政部又相继成立了防疫事务局和卫生会以主持病疫防治和公共卫生行政。迄清朝末期，自京都到多数行省和重要城市的警政机关里均设置了卫生警察以督办公共卫生行政及有关违警案件的处分。民国建立以后，先有内务部卫生司、中央防疫处的设置。后有政府卫生部、中央卫生委员会的组建，以各市县卫生局、卫生科为基本单位的全国性卫生系统俾得构成，凡检验防疫、药典编制、环境卫生、社会医疗、妇婴卫生、流行病防治及卫生教育等均纳入更加正规化并与国际卫生事业相衔接。

近代公共卫生事业的主要方面是:

1.对各种流行病疫的防治，包括清洁、消毒、隔离等措施的督办实施、防疫经费的筹集、对蚊蝇鼠等的扑灭和丧葬活动中卫生检验制度的推行、种痘面的推广等，均在不同程度上获得开展；

2.妇婴保健，主要有孕妇生产前后的检查，对接生人员的监察，母婴照抚的职业训练和育婴方法宣传等；

3.环境卫生，大致包括各大都市的自来水装置兴建、粪便及下水道的处置、道路清洁管理的宣传及饮食物品、饮食店铺和旅馆澡堂等公共场所的卫生管理等；

此外，在学校卫生、劳工卫生和医药管理诸方面，也均有举措。应该指出的是尽管近代公共卫生事业的成就主要局限于城市，在广大乡村和边远地区，种种疾病迷信和陋习依然相当流行，但从整体而言，民众讲卫生的观念和习惯已在不断养成的过程中。

对各种弊习陋俗和封建迷信的摒弃剔除乃至明令禁绝，一直是近代中国医疗卫生事业发展过程中的一个重要组成部分。许多生活习俗的变化与民众科学卫生观念的提高，表现为同步推进。在摒除缠足和束胸方面，早在清朝后期即有不缠足会和女子们自行组织的放足会在许多城市里出现。清末民初之际，两朝政府均颁旨或通令废除缠足，通行了数百年的妇女缠足陋习，渐告消失。反束胸的“天乳运动”在民国成立后始告发端。在戒毒禁烟方面，有清一代，屡禁屡续，但迄清末民初之际，因国民卫生观念的普遍提高，戒烟之风盛极一时。中华民国建立后，孙中山明令颁布禁绝鸦片令，此后更严厉查禁，终因多种掣肘，使得禁绝鸦片不可能彻底实现，但吸毒恶习较之前清毕竟收敛了许多。此外，在禁赌、取缔娼妓和反对蓄婢纳妾等社会习俗的革故鼎新方面，也或多或少具有气象变新的消息。民国时期移风易俗和“新生活运动”的提倡，体现了中西习俗的碰撞、现代与传统文化的融合，健康习俗与腐陋习俗并存。总体而言，社会习俗是在激烈嬗变，且是向健康方面转化的。

第一章

新式教育：社会改造的基础力量

晚清的新式教育起源于清末新政时期，1905年9月，清政府废除科举制。以科举制度为核心的中国传统教育的统治地位，最终被近代教育制度所取代。

废除和推倒沿用一千多年的科举制，确实有点摧枯拉朽，1898年7月，京师大学堂成立。它是全国最高学府，也是全国教育最高行政机关。1903年清廷又出台《奏定学堂章程》，称为“癸卯学制”。在全国分为3段7级：将教育分为“初学教育”“中等教育”和“高等教育”三段；7级分别是蒙养院、初等小学堂、高等小学堂、中学堂、高等学堂（或大学预科）、大学堂、通儒院。学习课程，小学有修身、中国文字、历史、格致、体操等；中学有修身、读经讲经、外国语、历史等课程。1906年，裁撤各省学政及学务司等教育行政机关，设提学使司专管全省教育事务；各府厅州县设立劝学所。

这一时期，大量属于宗族、书院、祠庙的公产被纳入新式学堂，引发民间公产转型与基层公共事业变迁。“庙产兴学”推动了地方社会权势的转移，得到政府授权的学董，打破了乡村社会原有的平衡，引发大量诉讼，因此这个过程其实也是充满斗争的过程。

近代教育制度的转型，新体制的构建，受到旧制度的强烈阻扰和掣肘，首先就有学堂体系的产权模式，公立学堂脱胎于民间公产的产权模式与治理机制，受到政府与各级学务部门的统筹与管理，进而受到国家体系的规范。相应地，公立学堂的日常管理，通常由政府官员以外的士绅负责，官立、公立学堂之外，私立学堂同样是新式学堂体系的重要组成部分。

新式教育体系的发展推动了传统民间公产转型，各类公产围绕新式教育体系逐渐整合，除书院、义学等传统教育公产外，还包括祠庙、善举、义仓、会馆、族产等多种类别。各类新式学堂均被纳入自上而下的教育管理体系，教育不再仅仅是百姓自发的选择，而逐渐成为履行国民义务的途径。

民国成立后教育部颁布的新学制中，“国立、省立、县立”学校均对应癸卯学制中的官立学堂，原先的公立学堂或被视为由“地方官督率办理”的官立学校，或被纳入私立学校的范畴，逐渐不再以独立形态存在，似乎暗示了民间公产与传统公共事业模式的衰落。

▲ 1870 年的南京私塾

国民教育始家庭

——传统私塾

江南的私塾，是一种统称，指旧时私人开办的学校。其教育方式主要是在城区和人口较稠密的村落开设的学馆，它又分为两种情形：一是地主、商贾聘请塾师教自家子弟的课业，称为家塾；二是塾师自办学馆，称私学馆。农村大户开设的私塾又叫族馆。一处私塾仅收十几名学生，不分班级，不定学制，入学时间不限，入学年龄不限，以小银洋或粮食为学费，也有属于以祠堂庙宇的地租收入或私人捐款举办的义塾（免缴学费）。在乡村，一般农村普遍设立私塾，有一村一

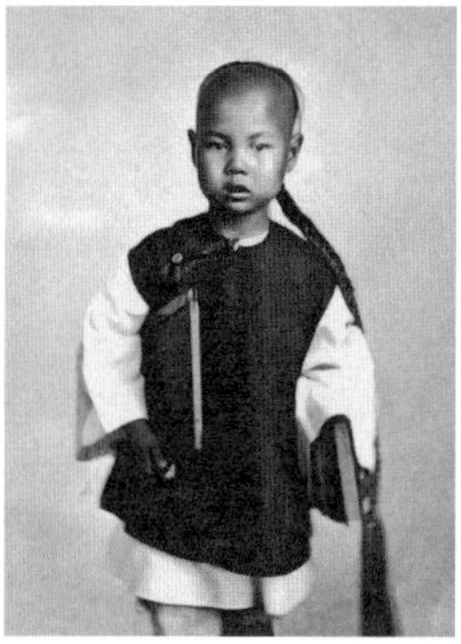

▲ 晚清时期江南一富家子弟夹着书本准备上私塾学习

▲ 民国初年乡村私塾女教师教孩子们读字母

▲ 民国初年私塾先生与他的弟子们

所，也有一村数所。办学经费，由学东负担，塾师的报酬双方协商确定；塾师自行设馆者，由塾师收纳学生的学粮作为报酬。

要了解古代的私塾教育，离我们最近的是清末民初的私塾，堪称样板。古代私塾多是走读式，故四五岁入塾求学亦不嫌早。几乎所有私塾的入学仪式中，首先要焚香，接着是向孔子像行礼，再拜授业的先生，其中，被尊为“先师”的孔子，需行一跪三叩或三跪九叩礼。“上下课都要朝孔子像作上三揖”，这个入学仪式，目的在于教导学生敬奉先师，尊师重道。

私塾课程的开设，大致可分为三个阶段：十岁之前以蒙学（三百千千）和四书、识字、写字等为主要教学内容，并让学生对蒙学有基本了解；十岁至十四岁，读五经、古文、诗词的同时，加入对对子以及相关训诂、文字学基础、习字、初等数学、外语等课程，女生开始适当加入女德相关课程；十四岁以后，在继续研读尚未读完的国学经典和外语的同时，开始学习作诗、作文、自然科学相关课程，并开始解经读史。即便在清末民初之时，私塾授课内容，以儒家经籍为主，初学以《三字经》《百家姓》《千字文》《千家诗》《庄农杂字》《名贤集》之类作为启蒙教材。学习二三年后开读“四书”，即孔孟经典《大学》《中庸》《论语》《孟子》；再深一步教“五经”，即《诗》《书》《礼》《易》《春秋》和《古文观止》等。教学生识字、背诵、写毛笔字、作八股文章，也教打算盘、记账等基本技能。

绝大多数保守的老私塾，其教人读书的次序，基本遵循“三开”步骤，分别为“开读”“开讲”“开笔”，中间都有几年的间隔时间。无论什么地方，无论谁人教学，基本都在有意无意地遵循着这个规律，即开读、开讲、开笔，至于具体时间，则根据学生程度因人而异。

古代私塾的教学方法，是一代代人传下来的，绝大多数先生知其然而不知其所以然，也很少有人去探明其究竟原理。于是对于调皮或

▲ 民国初年村塾里的老师与学生，村塾无须交学费或者只交很少一点，即可上学

者读书慢的孩子唯有严厉惩戒一招，以此也可以起到震慑聪明学生的目的。试想哪个孩子能不怕戒尺呢，父母亲也欢迎塾师的严格管教。从私塾先生方面说，有的非常严厉，有的非常宽松，要严厉则须靠戒尺，宽松了学生的时间则被浪费了。从学生方面说，要么用功上进，要么逃学、赖学，都是戒尺在起着重要作用。

丰子恺曾经说过：古时的私塾先生大都是想考官还没有考取的人，或者一辈子考不取的人。可见，古代私塾先生，大多数人的随意性很强，他们的教学方式和教学态度，也决定着学生的学习态度和对私塾的态度，古今私塾教育，也无非三个方面，一是生活常识，二是生存技能，三是生命意义。教育之神圣光辉，不只体现在前两方面，更重要的是体现在生命意义的教育上。无论身居何职，身处何位，能够时时保持做人的尊严和操守，把道德仁义看得比生命都重要，这才是成功的教育。

清末上海秦锡田编《周浦塘棹歌》“政令”云：“国民教育始家庭，内则详明著礼经。回忆十年前正本，居然女界好模型。”秦锡田是秦荣光的儿子，说的是光绪三十一年（1905）推行新式教育，“子民”成了“国民”，教化养驯“国民”成为紧要课题，当地士人强烈意识到维持家庭教育的必要性和重要性。私塾兴废无常，在民间常引起波动，影响很大。民国初年虽颁布私塾改良条例，其实际推行上大多有名无实，直至1940年建立起国民小学，私塾才逐渐减少。到1949年9月建立公办小学以后，私塾才算彻底走进历史。

西学东来三百年

——西学东来

五口通商后，从遥远的欧洲舶来的体现西方物质文明的声光化电、饮服日用、交通通信、市政模式、文化娱乐、居住方式乃至生活方式等都不同程度地传入这些口岸，并影响到内地其他地区。这些

▲ 英国人罗伯特·马礼逊是被派到中国的第一位基督教新教传教士，图为马礼逊与其中国助手

▲ 英国传教士李提摩太夫妇。李提摩太对中国的维新运动有很大影响

▲ 1878 年宁波基督教新教传教士与学童，图中四位站立者为办学先生

“舶来品”的传入，搅动着内地的死水微澜，促进了中国的乡村城市化、城市近代化的进程，强烈地冲击着当时的知识阶层与文人士大夫。

清末民初江南地方社会转型过程中呈现出一体两面的态势。一方面，由于政治与经济层面中央权威的衰落与地方自治趋势的兴起，在清末立宪运动中确立城、镇、乡等地方社会行政边界的新背景下，促进了现代江南以“城、镇、乡”为边界的地方意识的形成。另一方面，进入20世纪后中国现代化进程急剧加速，传统的联结全国精英群体的科举制度遭到废除，以城市为中心的历次“新文化运动”蓬勃开展，导致在江南地区以县城、市镇为活动中心的、受西方现代知识话语影响的新文化知识分子在地方自治与公共领域中形成了主导性的地位。

对于西学东来，大部分知识分子并没有完全做好接受的准备，19世纪末就在中国致力于介绍翻译西方科学著作的英国人傅兰雅（John Fryer，1839—1928）于1890年前后，就在其编写的《格致须知》《重学》一卷的引言中，有如下一段话：“至于重学，不但今人无讲求者，即古书亦不论及，且无其名目。可知华人无此学也。自中西互通，有西人之通中西两文者，翻译重学一书，兼明格致算学二理。”傅兰雅的这段话说明：第一，中国古代没有力学。第二，中国的力学是外国人送上门来的。第三，后来的历史发展说明，即使是外国人送上门来，中国人接受也不痛快，有的甚至采取排斥的态度，接受的过程是缓慢和曲折的。

▲ 晚清西学东渐时传教士举办书馆的宣传海报

最早把西方的科学技术送上门来的是明末意大利传教士利玛窦（Matteo Ricci，1552—1610），他于1582年来华，给中国人带来了世界地图、自鸣钟，还有一系列天文和数学书。他与徐光启共同翻译了《几何原本》的前6章，还与李之藻（1565—1630）合作编写了《同文算指》《圜容较义》等书，分别介绍西方的笔算和天文。不过利玛窦和后来的传教士介绍科学技术，其主要目的当然还是为了传教。1782年编纂的《四库全书提要》在对李之藻《天学初函》的按语中说：“西学所长在于测算，其短在于崇奉天主以炫惑人心。所谓自天地之大以至蠕动之细，无一非天主所手造。”一大批懂得西方科学技术的传教士来华。他们带来了西方先进的数学、天文学和力学，还带来了大批介绍西方科学技术的书籍。中国的知识分子对此持欢迎态度的人，当然有，但是为数不多。更多的人、在更多的时候是采取消极的观望或排斥的态度。

从17世纪初的明末到19世纪尾的清末，偌大一个中国，丝毫没有学习外语的气氛，竟没有一个人学会直接从外文翻译西方著作，就是最有力的说明。在这长达200多年的历史时期中，所有翻译西方的著作，都是由外国人学会汉语即“西人之通中西两文者”口授，中国人笔录而成。所有的西方学术，的确是“外国人主动送上门来的”，而且许多中国人对这些东西还采取鄙视或不合作的态度。

在清代，如果说康熙帝还能允许西方传教士一方面传教，另一方面传播西方的科学技术，那么到了1722年，清雍正帝即位，则采取完全排斥洋教的政策，认为允许传教最终会动摇国本，当时清人复农氏和杞庐氏有一首竹枝词云：“圣祖当年用楚材，远人恭顺敢生猜。而今驱遣同羊豕，疑是晴天霹雳来。”西方的科学技术，如同“邪

▲ 晚清上海王家堂圣母院创设私塾教女生学习

教”被清廷禁止。从雍正帝一直到1840年鸦片战争爆发的一个多世纪中，对外排斥西学，对内大搞文字狱，成为这段历史的一个显著印记，难怪读书人只能到书海里去寻章摘句，深入考据，没有心思来研究西方科学技术。直到鸦片战争的失败，使一些有识之士看到，必须向西方学习，提出“师夷长技以制夷”的口号，上海竹枝词里曾经悲愤地问道：“西学东来三百年，问谁风气独开先。术精火器兼天算，有用书推农政全。”总的来说，在开放五口通商以前，中国主流的声音，仍以旧的传统的国学为主基调，这也影响到了民间的竹枝词，仍主要以传统事物为歌咏对象，以西学为对象的作品犹如凤毛麟角。

教育谁云可涉偏

——书院改制

书院这个名称，最早出现在唐朝。起初，它只是唐朝中枢机构——中书省修书或传讲的机构，是帝王会集文人学士修书讲学之处。集贤书院与昭文馆、史馆一起，被称为唐代的文学三馆。唐代的书院并不具有教育和培养学子的功能。然而，从唐末历经五代十国，天下纷争不息，动乱的年代，官办的正规学校荒废，正常的教育事业被迫中断。如同宋人欧阳修所说的：“五代之乱极矣，干戈兴，学校废而礼义衰。”一些青年就读无门，于是有自动择地读书的需要，一般学者便利用这一时机，正如宋吕祖谦在《白鹿洞书院记》所载：“儒老往往依山林，即闲旷以讲授”，以致私人讲学之风不断发展，这是书院出现的最初原因。

佛教自汉代传入中国，至魏晋而大盛，天下名山僧占多。佛教徒每就山林名胜之地，作为佛家修习禅道讲学之所，并形成了较为详密的学习与讲授佛经的办法规程。这种组织形式，对书院的建立影响颇大。更由于科举发展到宋元，虽也培养了一批杰出的治国用兵之才，但其种种弊端也日益明显。许多学者为了逃避现实，便躲到山林聚居

▲ 无锡东林书院与大运河千年唱和。图为无锡东林书院大门

▲ 清末南京汇文书院的学生在化学实验室做实验

讲学，也推动了书院的兴盛。大体上可以这样说，民间设立的书院，特别是当时有社会声望的学者讲学之时，书院都表现出一种批评现实、议论朝政的精神，而毁废书院的举动又大抵属于统治者害怕舆论钳制思想的行为。

宋元以来，中国古代教育大致沿两套系统运行，一是官学，二是私学。书院总体属私学一脉，其功能不外乎讲学、藏书和祭祀，到明朝，日趋腐败的科举制度又唤起人们对书院的兴趣，书院遍及各地，星罗棋布。如果说清末以前的书院，并不是严格意义上的教育机构，那么清末出现的许多书院，则是朝着学校的方向努力了。清末书院改制大体分为三个阶段：第一阶段是整顿、改良旧书院，第二阶段是另建新型书院，第三阶段则是将旧书院改造为新式学堂，即要进行近代化改制。1905年废除科举制后，到1909年，书院得以寿终正寝或转型为学堂。时人竹枝词云：“新朝男女尽平权，教育谁云可涉偏”，书院的改制，显然与西方文化长达半个多世纪的濡染是分不开的，也是西方“赛先生”进入中国时所面临的本土语境使然。

史料记载，今上海的上海中学、敬业中学和梅溪小学的校址，早

▲ 1863 年 3 月 28 日，上海同文馆正式成立，1867 年更名为“上海广方言馆”。是江南官办的最早的新式学校，也是上海近代教育的重要开端

在明清时期就已先后创建书院，距今已有好几百年。上海中学的前身为龙门书院，清同治四年（1865）苏松太道兵备丁日昌创设。两年后（1867年），巡道应宝时在今尚文路河南南路的原吾园旧址兴建新校舍，计有讲堂、楼廊、舍宇共40余间。书院周围有溪流环绕，植以桃柳，环境清幽。书院礼聘名宿主讲，购置经史诗书供生员阅读。院规以朱子白鹿洞规为准，对肄业者发膏火费，以解后顾之忧。1905年，龙门书院改为“苏松太道官立龙门师范学校”，添建楼房31幢，并将原二十二铺小学堂，改为附属小学堂，供师范生作实习用。1912年，更名为江苏省立第二师范学校。1927年，与在今陆家

浜路迎勋路口的江苏省立商业专科学校及江苏省立第三中学和第四中学等合并成立江苏省立上海中学。后续还曾一度改名为私立沪新中学，1933年，上海中学在吴家巷占地约500亩的新校舍落成，上海中学即迁往新址至今。原龙门书院旧址于1935年建成了民居，名龙门村。

其他如敬业中学原为敬业书院，初名申江书院，原址在今老城隍庙明代古园豫园之东，梧桐路之北，明代“一门三进士”的潘恩旧宅。书院几经搬迁，1902—1905年间，改为官立敬业学堂、小学堂。1929年改为上海特别市立敬业中学。现已迁至上海永宁街的梅

▲ 1888 年美国传教士在南京干河沿创办汇文书院，英文名为 Nanking University

▲ 清末上海苏州河畔的圣约翰书院，后来改称圣约翰大学

溪小学前身为梅溪书院，原名正蒙书院，院址在今蓬莱路河南南路口。清末废科举后，于1902年正式命名为梅溪学堂。1912年后又改称梅溪小学校。

清廷诏命酌改书院为新式学堂，江南各地为了安抚和安置因书院变更而生计受困的老生员，一般还是留出部分书院暂改为“校士馆”。这类过渡性机构以“新学”课艺为考课形式，继续发放膏火养士，课程设置也是有所兼顾，既有旧学，也有新学课艺，知识表述形式经历了过渡后才逐渐固定下来，为民国后的学校教育体制做出了铺垫。

女儿还喜演英文

——女子学堂

由于长期以来封建礼教的桎梏，女性在古代社会被重重无形的枷锁囚困在闺阁之中，无法享有与男性平等的受教育的权利。这种状况在西学东渐的背景下终于得到了改变。19世纪上半叶，外国传教士来华办学，建立了早期的教会女校，有的大户人家还送女子出洋留学，为中国女子教育带来了一些新的气象。有据可考的基督教在华开办正规学校之始，是1834年由传教士郭士立（Karl Friedrich August Gützlaff，1803—1851）夫妇在澳门筹办的澳门女塾。由此可见，传教士在华办学实则自办女学肇始。鸦片战争后，清廷被迫开放东南沿海五大通商口岸，由教会开办的西式教育开始出现在通商口岸城市，目前已知最早的教会学校是1844年由英国女传教士爱尔德赛创办的宁波女塾，也是近代第一所女子学堂。1847年至1860年间，教会于通商五口创设11所女子学校。1860年，《北京条约》允许传教士自由进入内地租地建屋，教会女校出现了阶段性的发展。

1850年，美国圣公会传教士裨治文夫人格兰德感慨于中国妇女教育程度之低，在上海创立裨文女塾。这是上海第一所女子学校，次年，美国圣公会女传教士艾玛·琼斯（Emma Jones）在虹口创办文

▲ 晚清上海女子学堂上课场景

▲ 晚清南京新式学堂基督女书院

纪女塾。其后，上海的教会女子学校纷纷创办。至19世纪末，上海教会女子学校已有10余所，约占全国教会女子学校总数的三分之一。其中比较知名的有创办于1861年的清心女子中学、创办于1881年的圣玛利亚女校、创办于1892年的中西女子中学、创办于1897年的晏摩氏女中等。

面对日益深重的民族危机，许多进步人士都不约而同地将目光从器物变革转向制度建设，关注人口素质的教育问题，由此关注到占全国人口一半的女子的失教问题。1892年，郑观应在《盛世危言》中特别列出《女教》一章，呼吁当局“通饬各省，广立女塾，使女子皆入塾读书”，则中国“利兴弊去”，强盛可期。康有为、梁启超、谭嗣同等人也发出强有力的呼吁。基督教会女校在上海的创办，刺激了国人自己开办女校的热情，同时也为上海士绅和进步人士自办女子学校提供了样本。在梁启超、经元善等人的倡议和筹办下，中国近代史上第一所国人自办的女子学校中国女学堂（又称“经正女学”）于1898年成立。

其后，务本女塾、爱国女学、城东女学社、宗孟女学堂等华人女校纷纷创办。1906年被视为上海华人女学成立之大年。这一年里，相继有民立女中学堂、三育女学堂、祝群女校、萃秀女学堂、辅强女学堂、南州女校、润鸿女学堂等8所女子学校成立。至20世纪20年代初期，上海已有40余所华人私立女校，呈现华人女校与教会女校并驾齐驱、共同发展之势。

创办女学，是戊戌维新的直接成果。维新派受到西方资产阶级男

▲ 20 世纪 20 年代上海中西女塾学生毕业照

▲ 晚清上海女子学堂学生聚餐

▲ 1911 年上海女子学堂下课时女学生列队情形

女平等思想的影响后，又从教会女学中发现兴女学的好处，出于爱国热情，才大力宣扬兴办。女子学堂的创办是为了使妇女能够读书，增长知识和见闻，摆脱事事依靠男子的处境，戊戌维新这年前后入学者即达70余人，这在几千年封建传统女子只能关在闺阁里读书的中国社会无疑是开了风气之先。清末新政实施后，掀起了国人兴办女学堂的热潮。1902年，上海县知事吴怀疚创办务本女塾，以“改良家庭习惯，研究普通知识，养成女子教育儿童之资格”为宗旨。同年，蔡元培、蒋观云、经元善等人在上海创办爱国女学，肯定了女性在国家民族事业中的作用，将女子教育与振兴国力联系起来。

辛亥革命的爆发，促使江南地区的女子教育进入新的发展期。许多女校在小学基础上发展出中学部，部分教会女校还开设了高等教育。随着女校学制的逐步完善，上海的华人大学与教会大学相继向女学生放开入学限制，使得女子开始享受高等教育。至20世纪三四十年代前后，上海女子教育呈多样化发展趋势，还出现了国人自办的女子大学和女子职业教育机构。女学生成为一个特殊的女性群体，活跃在社会生活各个领域，在婚姻、服饰、社交等方面最早突破传统的限制，将男女平等、女性独立等现代观念和新的社会风尚传播于都市之中。民国时期有一首竹枝词咏叹时尚女子学英文的热情："髻盘委堕鬓如云，窄袖蛮靴衬布裙。妆束工趋时世样，女儿还喜演英文"，道出了那个时代女子努力学习的风气。

手工家政各分班

——西学盛行

近代的西方学术思想向中国传播的历史过程，通常是指在明末清初以及晚清民初两个时期之中，欧美诸国学术思想的传入，这个过程也叫"西学东渐"。通过来华西人、出洋华人的互动以及书籍和新式教育等的媒介，以各通商口岸为重要窗口，西方的哲学、天文、物理、化学、医学、生物学、地理、政治学、社会学、经济学、法学、应用科技、史学、文学、艺术等西方盛行的新兴学科大量传入中国，对于中国的学术、思想、政治和社会经济都产生重大影响。

▲ 丁韪良等洋人学者创办的同文馆学报《中西闻见录》

1876年徐寿、傅兰雅在上海创立的"格致书院"，是较早的一所教授西洋自然科学的学院。其

▲ 传教士傅兰雅创办上海格致书院，并与徐寿合编中国第一本综合性科学技术期刊《格致汇编》

▲ 20 世纪 30 年代上海女中家政课堂

后在全国各地成立天文、电气、医学、军事等专业的西式学堂，晚清新政中正式采用西方学制来规范各级学校，其学习西学的内容也更为广泛。

近代的西学东渐，也推动中国人的历史认知出现重大改变。中国传统史观是一元的，是以中国为中心的，受到西方新的历史知识的影响，不得不承认西方亦有自成系统的文明，甚至如非洲的古埃及年代更早于中国。而进化观念的传入，根本上改变了历史时间的观念，由静态变为动态，由视古代为最理想的社会，逐渐接受文明进步的现实。

西方文学的东传，始自晚清时期，尤以西方小说的译介最重要，其中尤以翻译了大量西方小说名著的林纾影响最大，其所译的《巴黎茶花女遗事》《魔侠传》和莎士比亚戏剧故事等，在晚清拥有大量的读者，对于中国小说的发展也有所影响。

在音乐方面，西方乐器的传入最早在澳门地区，尤其在教堂之中，其后利玛窦便自澳门带西琴（为今日的大键琴）进呈，万历皇帝并命乐工学习。至清初，康熙帝特别喜好西乐，对于擅长音乐的教士徐日升甚为看重，由其带领演奏。并曾希望以西方律学来改进中国音乐，编成《律吕正义》一书。到了晚清，最早西方音乐的传入包括宗教歌曲、军乐队、学堂乐歌等。学堂乐歌是晚清之时，吸收西方及日本所流行的曲调，配上具有进步思想的歌词，以作为新式学堂学生学习所作的歌曲。

西方美术的传入在明末清初以绘画为主，最早利玛窦曾以天主、圣母图像献于神宗。其他传教士亦有携入西方图画，其画风以及女性的裸露，曾经受当时中国士人争议。到清朝康熙时，不少专工于画的传教士来到中国，开始在宫中教习中国人而产生较大影响。不少画家开始学习西画，乾隆时的郎世宁更是融合了中西画的创作技法作画。

西方人文思潮东渐，对近代中国社会产生极大的影响，中国传统学术的基本框架“经、史、子、集”完全被打破，许多传统的学术受到西学的冲击，有的逐渐没落，有的吸收西方学术而加以改进，到民国时期，整个西方式的学术体系架构大致成型。中国人经过西学的洗礼，对于世界、历

▲ 晚清南京汇文书院的女学生正在做解剖青蛙的实验

▲ 清末民初时女子学校上课场景

史发展、政治、经济、社会、自然界万事的看法，都有了巨大的改变。而中国传统的思想文化中的许多成分，则被以西方的标准重新估定其价值，一方面，部分诸子百家思想获得重新重视，而另一些诸子百家尤其是儒家思想及一些民间的风俗信仰文化，则受到强烈的批判。此外，西方个人主义及社会主义等思想的传入，使得中国传统社会中以家庭、家族、地域社会为中心的社会基层开始逐渐瓦解。而新的科学、管理、金融等技术的传入及应用，更是逐渐改变了中国的交通运输、生产方式、商业交易等基本经济事物，最后展示出全新的格局。新的西方科技事物如电、自来水、电影、广播等逐渐改变了城市居民的生活。另一方面，新的思想改变了许多日常生活中的传统习俗，包括一些被视为迷信的民间信仰、缠足风俗，传统的婚姻制度等都逐渐被废除。

汪芸馨曾在诗中叙说学堂姊妹们畅游愚园、张园的情景：“落花如雨断人魂，喜听同侪骑到门。记得薄游逢日曜，被姨相约到愚园。”“手工家政各分班，六日匆忙一日闲。记得星期今日是，张园去看菊花山。”看似封闭，然而又别有洞天的花园，对女学生已有莫大的吸引力，一些夜花园就开设在女校附近，并对女学生实行优惠，其目的在吸引女学生入园，并由此带动更多的游客。妇女解放的浪潮已经不可阻挡地出现了。

俱谈实学不谈空

——新知传习

“风起于青萍之末”，社会的大变动，往往首先是从学者的争论开始的。在这种氛围之下，有时候看似很简单的一件事情，就会演化成不可阻挡的社会风潮，席卷整个社会。进入民国以后，中国知识精

▲ 1861 年由美国基督教长老会传教士范约翰夫人创办的“清心女书院”

▲ 晚清徐家汇藏书楼的大书房

▲ 民国时期徐家汇圣心会会址，为一幢中西合璧建筑

▲ 晚清徐家汇天主堂藏书楼内景

英就逐渐取代了传教士在社会知识文化领域的“舆论领袖”作用，开始发挥其领导地位，20世纪初在乡土“启蒙运动”教育中，严复在阐述致达国家富强之途时，强调“鼓民力、开民智、新民德”，梁启超也作“新民说”，有识之士深感于“无知愚民”几乎招致亡国的惨剧，纷纷出谋划策，通过开办白话报、创立阅报社、宣讲所、演说会，推广识字运动和普及教育等，开展了一场史无前例的大规模民众

传习教育运动。到五四时期，平民主义教育观念更是深入人心，包括对农民文化传习在内的乡村教育，正是在这一时期引起人们的重视。

晚清政府为加强自身统治的内在需要，特别是在外侮不断的情况下，面对国内朝野一致的爱国主义要求，也开始将乡土教育提到相当高的地位。光绪二十七年（1901），清廷开始在多个方面进行改革，废科举、立学部、兴学堂等措施陆续出台。1902年8月颁布的中国第一部学制——壬寅学制规定，初等小学第二学年“舆地”讲“本乡各境、本县各境”；第三学年“舆地”讲“本府各境”，实际上已经把乡土课程纳入教学内容。政府强调了地方文化与乡土志题材的启蒙作用。这说明，晚清以后，中国社会经历了巨大的变动，在政治、经济、思想层面皆出现困顿，面对欧风美雨之洗礼，古老中华文化经历着一次新陈代谢。西方传教士所带来的“西学东渐”不仅影响了许多知识精英，深刻且潜移默化地影响着中国社会的普通民众。

历史上，江南各地文化传承采取的是民间书院模式，明清以来，其特色极其鲜明，江南吴地文化发达，崇学重教。藏书、读书、教书的风气盛行，人才辈出，国学大师、文学家、艺术家等不断涌现。五四时期对乡村“民间传习”的重视和当时倡导的“赛先生”“德先生”思想密切相关。1915年，陈独秀在《青年杂志》第1卷第2号发表《今日之教育方针》，提出要实现“以人民为主，以执政为公仆”的“民主国家”，就必须给人民以各种权利，其中包括教育权利。这种平民教育的观念显然与当时西方思想的传入和影响相关。这一趋势无疑对中国的“民间传习”运动产生了直接影响。

▲ 上海市立务本女子中学校大门旧影

知识分子深入民间，身体

力行。据南京国民政府实业部的调查，20世纪20年代末30年代初全国从事乡村建设工作的团体和机构达600多个，先后设立的各种实验区有1 000多个。陶行知先生就认为平民识字的终极目标是“做新民”“做公民”，平民教育应该“使人起而行”。这种“民间传习”不同于宗教传播，也没有多少政治色彩，而是旨在培养一个合格的“公民”。教学时，讲授者与学习者可以相互争辩，持有不同甚至相反见解主张的学者可以在一起互相切磋、探讨，不同学派之间也可以进行广泛的辩鸣，追求的是“和而不同”的学术风气。晚近江南吴地和上海的一些新学堂机构学风，对后世学校教育产生了重要影响，并一直影响到现代教育。

上海自开埠后，民间讲习特别注重和社会的结合，清末民初人倪斗南作《南汇县竹枝词》写惠南书院“或课诗文或经史，俱谈实学不谈空”，强调“经世致用”，“俱谈实学不谈空”，注重学用结合、知行结合，将教学与道德的完善、品性的修养结合起来，讲求“躬行践履”。学生“穷理”，还得“笃行”，要把读书穷理与“躬行践履”相结合。“博学而笃志，切问而近思”，把掌握的知识义理付之于亲身实践。这也是江南高等学府复旦大学的校训。民间传习教育不独是学女红、学手艺，也不是空泛苍白的说教，而是结合社会实际的案例，更关注对国人道德、精神素质的熏陶。

这里值得一说的是，旧上海骗局门类繁多，林林总总，情形诡秘，几乎是防不胜防，民初竹枝词云：“谁料修行垂十载，一朝参透野狐禅。”野狐禅，是禅宗对一些妄称开悟而流入邪僻者的讥刺语，后以“野狐禅”泛指歪门邪道。古来人们将没有真正悟达禅境却自以为因果者，称作“野狐禅”，盖由此公案而来，就是对无良僧人的讽刺。而这种风气的出现，与民间教育落后自然有很大关系。知识分子深入民间，开办教育，开启民智，教育民众对种种社会丑陋现象都要有所警惕与防范，对于遏制“野狐禅”的泛滥也起到了积极作用。随着教育事业的日趋发展，民众的蒙昧开始减少，新的健康的社会风气开始形成，那些不可一世的僧人的地位也开始出现了下降。

▲ 1922 年春，复旦大学迁江湾今址，以奕柱堂楼下 2 间为图书馆，正式建成运作。图为后来翻建过的复旦大学图书馆楼

子弟从师入学堂

——大学之设

大学是一个民族的精神资源的聚集地，更是民族精神走向的风向标。中华民族是有着悠久历史文化传统的伟大民族，代表民族学术水准的高等学府也有着悠久的历史，“三代之道，乡里有教；夏曰校，殷曰序，周曰庠”。这所谓“庠序”，就是古代中国学校的称谓。不过，中国古代的高等学校和西方现代的大学还是存在着很大差别，历史上中国的官学体系，以培养“士人”与“文人”为主，前者是参与政府管理，后者则从事文化教育。但遗憾的是，对于自然科学，却乏人问津。

直到开始兴办近代教育，清光绪二十八年（1902）颁布的《钦定学堂章程》，首次将学校称为学堂。辛亥革命后，民国教育部公布新的学制，“学堂”一律改称“学校”，并一直沿用至今。所以清末上海有竹枝词云：“自停科举换新章，子弟从师入学堂。书备中西须并习，至今效法遍城乡。”科举制度废除后，新式学堂和新式的教育制度得以逐渐发展起来。学生们开始进入了新式学堂学习，学习的内容除了语文、英语外，还有数学、物理、地理、艺术等以前不曾重视的科学与人文知识，还很重视体育锻炼。近代整个传统教育体系都面临着转型和革新。

在近代和西方交流以后，西方的“University”早期被翻译为“书院”等，后又称为“大学堂”“大学校”，民国以后“大学”成为正式的称呼。发轫于清朝末年、始创于民国年间，以“书院”“大学堂”等为底子建设或教会兴办的一些老牌学校，饱经沧桑，艰难成长。当然，也有少数老牌知名大学，因受时局影响及各种复杂原因所致，永久地散入历史的尘烟。

中国第一所中央大学是京师大学堂，第一所教会大学是上海的圣约翰书院，前者在北京，后者在上海。此后，中国人自己开始大量兴办近代学堂，如1895年的北洋大学堂、1896年的南洋公学等，就是中国最早办的官办大学。民国的高等教育规模不断扩大，1929年7月26日，国民政府颁布《大学组织法》，规定大学以研究高深学术、养成专门人才为目标；大学分国立、省立、市立和私立四种；大学下设的学院分为文、理、法、商、农、医、工、教育等八种；拥有不少

▲ 1896 年盛宣怀在上海创建的南洋公学，与北洋大学堂同为中国近代最早创办的高等学府，图为 20 世纪 20 年代该校成为交通大学时的校门景观

▲ 1937 年金陵女子大学文理学院女大学生下乡田野调查影像

于三个学院的方可称大学。1937年，全国共有大学及独立学院78所，教师6 615人，大学生和研究生37 330人。

圣约翰大学创建于上海，是中国首个全英语授课的大学，以“光与真理”为校训，创下了民国时期教育的多项第一，尤其是在体育教育方面遥遥领先。清光绪二十二年（1896），由晚清洋务大员盛宣怀精心筹建的南洋公学在上海诞生。作为中国最早的新式高等学府之一，首立师范院，揭开了中国师范教育的序幕；拟定新式学校章程，采用分年级、按班级的授课制度，分设上院、中院、外院，开创了我国三级分层设学的先河。从昔日的南洋公学到之后的上海交通大学，一个由数十人开始的南洋公学，发展成理工科很有特色的国内外著名大学。

江南还有一些著名的大学。东吴大学是20世纪初叶中国第一所

▲ 1937 年上海圣约翰大学校舍楼

▲ 1948 年交通大学学生在反美示威

民办大学，于1900年由基督教监理会在苏州创办，其法学教育在当时饮誉海内外，是国内第一所西制大学。复旦大学由著名教育家马相伯创建于1905年，初始校名为复旦公学，1917年开始创办大学本科，并设文科、理科、商科及大学预科和中学部，并更名为私立复旦大学，及至1929年已发展为具有文学院、理学院、法学院和商学院及17个系的综合性大学，全民族抗日战争时期迁址重庆办学，并于

1942年由私立大学改为国立大学。及至1949年上海解放时，复旦大学设有文、理、法、商、农五个学院20多个系科及经济、生物两个研究所，成为海内外著名的高等学府。

从民国时期，尤其是20世纪20年代后到新中国成立前，江南地区汇聚了中国一批顶尖大学，如中央大学、交通大学、浙江大学、同济大学、复旦大学、大夏大学、东吴大学、金陵大学等。民国时期的大学制度走了一段非同寻常的道路，从教授治校到校长治校。现代高等教育从民国时期一路走来，逐步发展成为今天的样子。民国时期的多数教育改革都是以失败告终，仔细地研究其中的经验与教训，也是极为重要的。

不辨农夫与士绅
——平民读本

中国的事情，历来是“乡村治即天下治，乡村安即天下安”，这是中国几千年历史成亡兴败的经验总结。近代以来，特别是民国的一些志士仁人，他们的目光总是聚焦于乡村，而在兴起的都市，则非常重视普通平民的生计与喜怒哀乐。平民教育家和乡村建设家晏阳初就认为，中国乡村的大患是民众的“贫、愚、弱、私”四大病。

民国肇建，就很重视平民教育，首先是对农民，先教识字，再实施生计、文艺、卫生和公民“四大教育”，培养知识力、生产力、强健力和团结力，以造就“新民”，并主张在农村实现政治、教育、经济、自卫、卫生和礼俗“六大整体建设”，从而达到强国救国的目的。在城市里，则重视对于底层平民和贩夫走卒的文化教育，按照那个时期国民教育的规划，大致包含三个方面的内容：（1）立国民“公德”；（2）释国政之原理；（3）述国计之知识。在江南地区，平民教育走在前列的是江苏昆山、苏中泰州、南通、如皋、泰县（今江苏省泰州市姜堰区）等地。1933年、1934年，苏南许多县都

▲ 1908 年成立的基督教女青年会在浦东开办的平民夜校

▲ 1928 年浦东女工夜校上课场景

设立了民众教育馆，对于国民知识的传播，除了以读本知识化的形式在三级制学堂教育体系和社会教化架构内下渗之外，还出现了普及常识化的倾向。

进入民国以后，上海书业公所将《官商快览》改名为《国民快览》，1932年又改称《新民快览》。书业公所每年以石印出版，分配同业经销，岁有二厘盈余经费归公所充作经费，一直延续至民国末年。看上去，《国民快览》是一种大型历书，却与一般熟知的形式不

▲ 1942 年全民族抗日战争时期的学生拿着平民课本唱歌

同，编辑者的自我定位是民元以后“日用书之鼻祖”，有些接近日用百科。其内容涉及意识形态论述、阴阳合历通书、中西合璧纪元、历法、司法、时事、科技、教育、军事、交通、邮政、民俗等各类常识。此书编者为“五凤楼主人”常熟人毕公天，曾任《苏州日报》主笔，自清末至民国三十多年间，一直在为上海书业公所编辑这种《国民快览》。其内容为：“新言论”“新农人”“新工人”“新商人”“新交通”“新学海”“新法令”“新插画”“新春秋”“新市政”“新教育”“新桎梏”“新游艺”等。1929年的第二期《国民快览》又调整为“新言论”“新学海”“新法规”“新教育”“新农民”“新工人”“新商业”“新交通”“新文牍”“新计划”“新问题”“新调查”“新惨剧”“新春秋”“新道德”“新格言”“新常识”“新验方”“新插画”“新游艺”“新歌曲”“新漫谈”“新问答”“新余墨”。这类日用书性质的国民读本年刊，润物无声地普及着新国民生活常识。

20世纪30年代，范迎吉《绅士兼农》竹枝词云：“不辨农夫与士绅，黄云白露野田身。陇头偶吐鸿鹄志，知是横经负耒人。”说的

▲ 1947 年上海郊区农村教育中心读书俱乐部，桌面上摆放着《上海教育》期刊

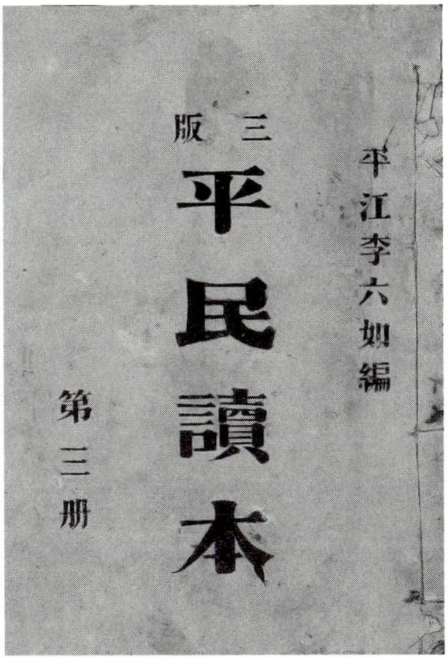

▲ 20 世纪 30 年代，李六如编《平民读本》封面图

是出门种地，回家读书，地方上各色人等都应全力务农，很有一种耕读文化的特色。从事农村教育的乡村知识分子怀着“一个国家和民族的希望在于教育，在于民众的普遍觉悟”的理念和思想，从“脱盲”和“治愚”着手，在民众中广泛开展知识教育。

民国时期曾经大量出版“平民读本”，专门为成年人和失学男女平民量身定做，课本字数普遍保持在“千字”左右，能够认识一千个常用汉字，就能应付日常生活与交际之用，读报写信的问题，大概基本上就能自行解决了。关键是如何保障课本中选出来的千字，都是真正的常用字，达到成人识字效率的最大化，以解决日常生活人际交往的困境；其次是灌输常识，用通俗易懂的事例将文化、历史、地理、化学、生物、教育、卫生及与日常生活有关的科学知识传输给学生，从而帮助他们接触科学、了解社会、开阔眼界；此外，许多平民教育的读本，采用朗朗上口的歌谣，有历史故事，有神话传说，寓教于乐，易学易记，一些故事性和立体感强的老歌谣，它们的内容和表现形式，被曲艺和戏曲艺人广为吸收运用，至今仍活跃在舞台上。有许多最为知名的大师与名作家，也为普通平民写教材、编歌谣，这些作品直到今天仍然感动着我们，影响着一代又一代的民众。

雪耻国强仗我躬

——教材变革

大清覆灭，民国肇建，艰难时世，当时的中国面临着落后的农业文明向工业文明的缓慢转型。民国时期的教育是否如一些“民国范”们想象的那般好，是很值得怀疑的。然而，20世纪20—40年代民国

▲ 1919年基督教青年会课本

教育中推行使用的中小学教材，还是很有可圈可点之处的。

推翻了几千年封建专制主义皇权统治，开始一个新的时代，培养儿童和青少年健康独立自由、富有创造性的人格，至关重要。要而言之，就是继续培养蝇营狗苟的奴才，还是将儿童和青少年培养成既有文化知识和从业能力，又有行为教养和品德操守的国家的小主人，这成为教育界和知识界绕不过去的重大课题。说得重要点，这是为国家未来发展奠定根基的文化工程，从小培养孩子们具有现代意识，有操守、有作为、有品位的公民，这是国家富强、民族振兴的根基所在。所以，那个年代的许多学术大师、著名学者，如蔡元培、叶圣陶、丰子恺、朱自清、夏丏尊、张元济、王云五、顾颉刚、陈鹤琴……他们都心甘情愿俯下身来，不辞辛苦为孩子们编写、校订国语课本。大专家为孩子们编撰课本与教材，小学课本看似简单，其实，教材里的每一个字都融入了学者的大量心血。有的也许每一课就是一二十个字，但是，这些编撰者都十分谨慎地反复推敲，颇费思量。

切莫小看这百年前的小学课本，纸质已经变黄发脆，但其中留下了那个时代学人的心血与智慧，展露出他们的教育理念，使人们感受到传授知识之外，更多的是对莘莘学子的期许，对生活的热爱，对美好的向往，对文化的认同以及对做人的引导，对成为有用之人的期待。开学第一课，孩子们正衣冠，行开学礼，拜的是孔子。“国将兴，必贵师而重傅”，仪式，有时并不是简单的形式，更体现一种虔诚，一种尊重，一种珍视，告诉学生尊师重道的道理。第二课，明白无误地告诉小学生学什么，怎样学，将学习计划、学习目标变成学习内容，培养孩子们的学习习惯，后面正式开课的内容，还将真切感受到认识周围的世界，理解生存的常识，明白生活的艰辛与不易，端正求学的态度，同时还学会人与人之间的相处之道，“仁者爱人”，知道做人要有礼有节，更要知晓国家的意义和基本的道理。当然，教材要引人入胜，故事必不可少，文辞优美，用浅白、通俗的语言尽述世间的美丽，言短而意长……中华民族的风骨，千年依旧，中华民族的传统，薪火相传。最后一课，再次提醒：对于学生，学习仍是第一要务。

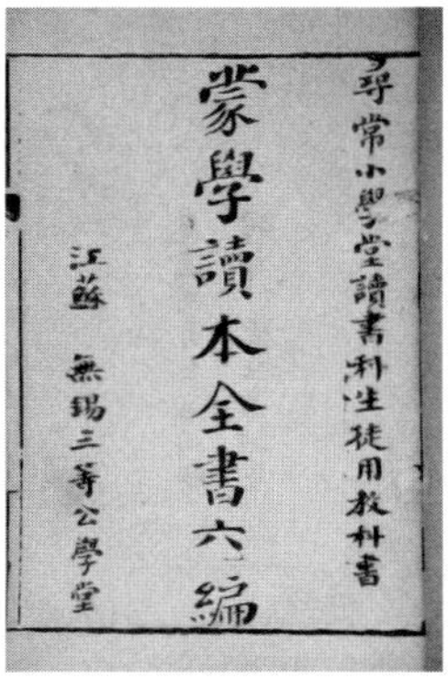

▲ 清末民初江苏无锡编印的蒙学读本

▲ 清末民初德华学堂使用的教材

▲ 中共早期领导人陈独秀早年编著的教材《小学万国地理新编》封面图

▲ 20 世纪 30 年代的小学课本（此为复制件）

那个时期的课本教材，无须全国统一编写，统一出版，那就不存在某个营利机构的垄断，它实行的是“国定制”与“审定制”并存的制度。新文化运动后，以“审定制”为主。教材编写交给市场，教育行政部门负责制定相关标准和审核把关，最后择优选用。审查鉴定通过后就予以出版、发行、使用。各个出版社之间为了竞争，也会竭力提高教材编写质量。有学者统计，从1912年到1949年，全国共计编印出版了100多套小学国文、国语教材。

民国五大书局，商务印书

▲ 20 世纪 30 年代，专注于教材出版的中华书局同仁在印刷机前合影

馆、中华书局、世界书局、大东书局、开明书局，都在上海，而且都是民营的。各类民营书店、出版社进入教材市场，不少文学家、教育家、出版家和学者参与编写小学课本教材，出版了诸如《开明国语课本》《商务国语教科书》《世界书局国语课本》等教材，为儿童与小学生出版课本教材写书，固然有商业目的，可以挣得大把大把的银子，但客观上也是为塑造“新国民”起了重要的作用。1931年，政府当局还确立了每年4月4日为儿童节，九一八事变后，儿童节也成为对儿童进行爱国主义教育的一个平台。在日寇侵华，国难当头，民族危亡的多事之秋，也能使儿童和青少年成为未来的希望之所在。正如1934年流行的一首《儿童歌》的歌词所唱：“今朝盛节祝儿童，国光付托我儿童，责任繁重，雪耻国强仗我躬，真主人翁，警醒大家勿醉梦，频敲暮鼓与晨钟”，让少年儿童也成为未来抗日救国接班人，无论怎么说，这都是具有进步意义的。

第二章

留学欧美与教育变革

1872年8月11日，上海轮船招商局前，一群平均年龄只有12岁的孩童留下了一张出洋前的珍贵合影。这群孩童有一个共同的名字——“大清留美幼童”。从1872年到1875年，大清王朝先后派出4批共120名官费留学生，远涉重洋赴美留学。这是晚清洋务派人物曾国藩、李鸿章、左宗棠等人极力推动的结果，开创了百年留学教育的先河。

这是一场千古未有的变革举措，这些幼童学成归国后，大都在各个领域大放异彩，他们是荒原中出现的第一批探路人，是惊涛骇浪里最早的远航者。

从1875年至1897年间，清廷先后分四批派遣了福建船政学堂毕业生80余人去英国和法国海军学院学习船舶制造和驾驶。从1896年至1909年间，清廷派遣的赴日留学生累计达到两万多人。1905年孙中山在日本成立同盟会，初期主要骨干都是当时的赴日留学生，第一批留日学生里还包括了后来的文化主将鲁迅、陈独秀等人。这些归国留学生加速了清王朝的崩溃。1911年辛亥革命推翻了闭关锁国的清王朝，建立民国后，为了尽快摆脱经济、科技及文化落后状态，加快中国工业化进程，民国政府又先后掀起了四次大规模公派留学潮。

1912年11月底，由北京留法俭学会招收派出的首批60多名留学生取道西伯利亚乘火车去法国勤工俭学，这些留学生一般白天在一些法国工厂做工挣钱，晚上在补习班学习。其中很多学生成为建立新中国的革命家和政治家。1921年，苏俄成立了莫斯科东方大学，设立中国班、日本班、朝鲜班等，学生所有费用都由第三国际提供，目的是培养东方各国共产主义运动代言人。于是，又有大批中国年轻人从中国本土及欧洲各国前往苏俄留学。东方大学后来改名中山大学，到1930年停办，先后四期培养了1 000多名中国留学生，其中大部分人毕业归国后成为中国共产党的骨干，为马克思主义在中国的发展壮大做出了巨大贡献。这些归国留学生为抗战时期的军工、教育、医疗等行业做出了巨大贡献。

历史前进的车轮不会停下脚步。百年之中，涌现出数不清的留学英才，他们带着“振兴中华”的巨大热忱，远赴海外并学成归国，成为中华民族伟大复兴的重要人才。

▲ 1904 年清末江苏巡抚端方等在胥门外皇华馆为江苏留学日本师范生送行时所摄

东瀛濯剑有书还

——留学东瀛

当时去欧美称为“下西洋”，去日本则叫“下东洋”，从1896年到1945年的半个世纪里，数以万计的青年留学生前往日本，可谓盛况空前，当时有人惊呼这是“世界史上最大规模的学生出洋运动”。中国人留学日本形成高潮，在人数上，留学日本的人数超过了留学欧美各国人数的总和。在中国近现代史舞台上叱咤风云的那些人物，大都有留学东瀛的经历，比如鲁迅、杨度、黄兴、徐锡麟、秋瑾、蒋百里、胡汉民等。

当年为什么那么多中国优秀青年都争先恐后地选择奔赴日本求学？日本在明治维新前，也就是一个闭关锁国的列岛，曾经被动地让

▲ 留日学生所办的三份向中国传播新知的杂志，左起：1902 年创刊的《游学译编》、1903 年创刊的《江苏》、1903 年创刊的《浙江潮》

西方的坚船利炮打开了国门。此后，日本成功尝试了自上而下的近代化改革，发奋图强，脱亚入欧，文明开化，国力渐盛，迅速崛起，走上了富国强兵的道路。1894—1895年中日甲午一役，北洋水师覆灭，大清国痛定思痛，似乎悟出了崛起和复兴之道，掀起了向日本学习的高潮。1898年戊戌变法的举措，处处有效仿日本的影子；一些洋务派的人物，更是发出了学习日本的号召，要大清国的有志青年“到日本去留学”，青年学子也迫切地需要了解日本突然强大起来的原因。当然，日本离得近，地缘相近，文化上也有共通之处，中国人在生活上来说比较好适应；留学东瀛所耗费的金钱，要比远赴欧美少得多，惠而不费，也是一种现实的考量；日本国内对大清国留学人员的相关手续政策比较成熟，从政府到各色留学中介，都持欢迎态度，在清末至民国这几十年的时间里，中国共派出了上万名学子到日本留学，更是培养了一大批优秀人才。

留学日本的热潮还与清廷用人政策有关，晚清洋务派大员张之洞提交过一份《筹议变法谨拟采用西法》的奏折，就提出要想进入大清国涉外部门，捧上公务人员的铁饭碗，你必须得有海归身份。此外，各类政教机构的公务员、教员，稍微上点档次的产业部门的管理技术人员，都得有留学海外的经历。下西洋是出洋，下东洋也是出洋，出于经济和时间效益的考虑，自然是去日本留学既便宜又快捷，是个“事半功倍”的活儿了。

当时有志青年为中华崛起而留学海外自然不在少数，但对于急于跻身于成功人士行列的年轻人来说，留学镀金，可以直接通向官场，无异于走了快速通道，何乐而不为，所以如法政、军事、警务之类的学科，总是挤满了大清国的求学者。

“留学生”这个词也是由日本人创造的。唐代，日本曾多次派遣唐使来中国。遣唐使因为是外交使节，不能在中国停留时间过长，此后再次派遣唐使时，就同时派遣“留学生”和“还学生”。所谓“留学生”，即留在中国继续深造，“还学生”则随官方遣唐使一起回国。后来，“留学生”这个词便被一直沿用了下来，凡留居外国学习的学生，都称“留学生”。

“东瀛”这个词，原意是指东海、瀛海，中国东濒于海，古代有

▲ 清末中国留日女学生留影，后排左二是秋瑾

▲ 清末留日学生的合影

三大仙境，就是指“瀛洲、蓬莱、方丈”，“瀛”是海岛，还有对岸或海中的陆地（洲）的意思。中国的第一大岛台湾岛和上海的崇明岛都有“瀛洲”的称呼。日本在中国的东边，在海的东边，所以称之为东瀛。“瀛海”就是环绕中土的大洋，故清《文献通考》卷二九三《四裔考》序：“大地东西七万二千里，南北如之。中土居大地之中，瀛海四环。”晚清时徐继畬论述世界地理的名著书名即为《瀛环志略》。晚清之后，“东瀛”渐渐成为日本的专指。1906—1907年间，日本军人日野强行穿越中国内陆西行，后著有《伊犁纪行》一书。在陕西渭南时这个日本人曾赋汉诗：“渭南正值天长节，遥望东瀛拜紫宸”，说明日本人也已用“东瀛”来指代他们自己的国家了。

随着日本国家的存在感强化，从晚清起，“东瀛”逐渐成为日本形象的代名词。1918年，毛泽东因友人罗章龙留学日本，写下《七古·送纵宇一郎东行》诗：“平浪宫前友谊多，崇明对马衣带水。东瀛濯剑有书还，我返自崖君去矣。”“纵宇一郎”是罗章龙的化名，1918年4月，罗去日本留学临行前，毛泽东用“二十八画生”的笔名写了这首诗送行，表现出依依惜别的心情。

▲ 1907 年早稻田大学的中国留学生

▲ 晚清第一批留美幼童出发前在上海轮船招商局前合影

宗之潇洒美少年
——留美幼童

说起清同治十一年（1872）清廷选拔“留美幼童”赴美深造的事，那在晚清历史上是一件石破天惊的大事，这些孩子大多还只是在12岁左右，却开始了远渡重洋的求学之旅，这在中华几千年历史上还是破天荒的。

说起这件事情，不能不提到一个叫容闳的广东人。在中国近代史上，几乎所有的重要人物，都与容闳有过关联，晚清的重大事件中都留下了他的身影：他曾亲赴太平天国首都天京（今江苏南京）打探情报，了解情况，走访曾国藩幕府，向李鸿章、张之洞谏言，与康有为、梁启超、孙中山结忘年之交……容闳去世后，西方人这样评价他：“容闳从头到脚每一根神经都是爱国的。”

清道光二十二年（1842），出身贫苦的容闳进入香港马礼逊学堂学习。该校开设中西课程，容闳各门功课成绩优异，在这所学校度过了6年求学生涯，深得该校校长，毕业于耶鲁的鲍留云（Rev. Samuel Robbins Brown, 1810—1880，亦译勃朗）的期许与赞扬。1847年初，容闳被鲍留云选中，带往美国留学，同行的还有另外两个同学黄宽与黄胜。是年4月，他们一行抵美后，容闳先入今马萨诸塞州（旧称麻省）的孟松预备学校，在有名的大学预科学校深造，课程设有数学、文法、生理、心理等。1850年，容闳又进入耶鲁学院攻读。入学后，容闳半工半读，极为勤奋，学习成绩也很好，很是受到老师的器重。咸丰四年（1854），容闳终于顺利完成了大学学业并获得文学士学位。这时，有些朋友劝他留在美国，美洲新大陆对于像他这样的有识之士来说，比还处于封建统治下的故国更易飞黄腾达。机会是诱人的，但容闳想到的是“以西方之学术，灌输于中国，使中国渐趋文明富强之境”，决心将所学奉献给养育他的父母之邦。

▲ 1872 年 8 月 11 日，第一批留美学生部分成员合影

▲ 留美学生棒球队，后排右二是铁路工程师詹天佑

1855年4月中旬，容闳毅然从美国回到香港。一踏上故土，就目睹当时两广总督叶名琛借镇压天地会起义军而滥杀无辜的暴行，由此他对清王朝的统治滋生了厌恶和反感。此后几年，他几换职业，“谋食又谋道”，然始终未能找到实现抱负的途径。在挫折和困顿中，他把眼光转向整个社会，如何造就一批从事改革和近代化的人才，获得先进的西方教育至为重要。1863年，容闳经著名数学家李善兰的介绍，结识了名声如日中天的曾国藩。其时，洋务运动开始发轫，曾国藩于是委派容闳到美国采购所需机器。1865年，容闳所购买的机器

陆续运到上海，他本人也开始有了进身之阶。他向曾国藩建议在江南制造局附设兵工学校培养军工技术人才。1868年，又通过江苏布政使丁日昌代转他的派遣留学生的建议，但无结果。直到1870年，该建议因获得曾国藩的支持，才得到清政府批准。清廷为此成立了幼童出洋肄业局，专门管理派遣留学生赴美事务，由陈兰彬和容闳分任正、副委员。出洋幼童要求年龄在12岁至15岁之间，但1872年至1875年清廷派出的四批120名幼童，年龄普遍在10岁至16岁之间。还需通过汉文读写考试，经过英文和汉文学习后才可赴美留学。留学时间15年。官派留学生教育经费由政府出资，不许半途而返，不许加

▲ 第三批留美幼童梁如浩和唐绍仪

入外国籍，也不许在中国之外的国家另谋职业，同时规定“不去发辫，不入礼拜堂”。

此后，由容闳倡议，在曾国藩、李鸿章的支持下，清廷每年派遣一批留学生，每批30人，先后有4批，到1875年共120人在美国学习生活。这120人寄宿在54个美国家庭（康涅狄格州34个、马萨诸塞州20个），此外还有近10名自费生同行。

▲ 首位留学美国的学生容闳，为中美文化交流做出了很大贡献

这120个留美学童和美国孩子一起上学。在肄业局的严格管理下，幼童们以惊人的速度跨越了语言障碍，在各所就读学校中均表现优异，《纽约时报》等媒体都给予高度称赞。除了美国普通中小学课程外，他们还要定期进行汉语学习并且要参加考核，按照成绩等次向清政府汇报。由于幼童表现出色，时任美国总统格兰特还接见了他们。然而，由于清廷的腐败，最终将选送留美幼童赴美留学的事情还是搞砸了。1881年6月19日，清廷决定全部撤回留美学生，给历史留下了殊为令人遗憾的一页。“宗之潇洒美少年，举觞白眼望青天，皎如玉树临风前”（杜甫《饮中八仙歌》），一群孩子的悲欢离合，映照出一个古老国家的命运跌宕，百余年后的今天还是令人扼腕长叹。尽管道路坎坷，留美幼童是一个开端，此后成千上万的留美学生到美国去求学，他们中的很多人后来在民国教育界、学术界占据了至关重要的位置，对中国高等教育的发展产生了重要影响。

南圻逐鹿竟谁家

——留欧俭学

在十月革命的影响和五四新文化运动的推动下，各地掀起赴法国勤工俭学的热潮。在第一次世界大战之前，由中国到法国一般是走陆

▲ 1920 年 5 月 8 日在沪的新民学会成员，一起在上海半淞园欢送赴法勤工俭学的会员

▲ 留法勤工俭学的中国女学生在法国蒙达尼与法国女教师合影

▲ 1920 年 7 月新民学会赴法留学同学在法国蒙达尼的合影

路，即乘火车从北京出发，由我国东北出境，经莫斯科、华沙等地到巴黎，中途换车八九次，快车12天，慢车要半个来月才可到达。十月革命后，俄国境内用兵，封锁重重，中国通往法国的陆上通道被阻断。于是前往法国勤工俭学的留学生，就只好改走水路，上海这座当时中国最大的港口城市，提供了交通的便利，由上海出发，乘船途经香港、海防、西贡、新加坡、科伦坡、吉布提、苏伊士运河、塞得港至马赛，再乘火车抵达巴黎。因此，从上海走水路，就成了留法勤工俭学留学生交通的主要方式。

事物的发展总有偶然性与必然性，大潮兴起也会有触发点。就如同清末留美幼童去美国留学

▲ 1924 年 7 月，出席中国社会主义青年团旅欧区第三次代表大会的代表在法国巴黎合影。前排左四为周恩来，左六为李富春，左一为聂荣臻，后排右三为邓小平

与容闳有关，去法国勤工俭学的热潮，也与一个中国人有关，这个人叫李石曾，其父李鸿藻是晚清重臣、清流派的领袖人物。1902年，军机处官员孙宝琦出任驻法大使，李石曾与张静江、夏循垍以随员身份偕行。在法国，李石曾花了半年时间学习法语，1903年入蒙城农业实验学校，于1906年8月毕业。

1906年，李石曾在巴黎市区庐街25号发起创办了刊物《世界社》，其宗旨是“发扬学术”“普及文化”“改进社会”，有人认为李石曾的“勤工俭学实验”在1907年就开始了，他过上了节俭的生活，同年蔡元培到柏林，也实行俭学。1908年，李石曾自筹资金在巴黎西北郊区设立中国豆腐工厂，以机器新法制豆腐。李石曾把拥有两千年历史的豆腐呈现于巴黎“万国食品博览会”，因此获得了“豆腐博士”的雅号。李石曾还开设了法国的第一家中国餐馆 “中华饭店”。1915年6月，李石曾援引豆腐公司的成例，和蔡元培等一起组织勤工俭学会，号召留学生勤于工作，俭以求学，用自己的劳动收入来维持生活和学业。这种“以工兼学”已略具后来勤工俭学之雏形，后世有人评价他倡导赴法勤工俭学，为“华人留法第一人”。

▲ 周恩来（前排左一）与留法同学在法国合影

1919年，五四运动宣传的“工读主义”以及“劳工神圣”的思想深入人心，当时的有识之士和青年知识分子受新文化运动和反帝爱国斗争的影响，纷纷选择赴法国开展勤工俭学，寻求救国救民的知识和真理，以“输世界文明于国内”。

清末民初，中国青年到欧美国家留学，分为官费和自费两种。官费当然是由官府出资，而自费的门槛，就是对家境与经济实力的考量了，当时出国甚至不用护照，也不必填报繁复的表格、材料和认证，譬如你要去日本，甚至连签证都免了，填个表，第二天就批准了。公费留学生数量太少，自费留学生需要大量开支，一般家庭根本就承受不了。陈独秀之子陈延年于1918年12月加入上海精武体育会。一年后，他与弟弟陈乔年一起受上海精武体育会会长霍守华的资助，赴法国勤工俭学。可以说，勤工俭学是第三种留学方式。它采取一边学习一边工作的方式，使得众多家境贫困的有志青年得到了留学深造的机会。

在民国时期，前往法国勤工俭学的中国革命志士和留学生有很多。数据显示，从1919年到1920年，全中国有2 000多人到法国开展勤工俭学。留法勤工俭学学生、革命军队早期杰出领导人熊雄，在1920年作《秋游巴黎铁塔》诗：“登高东望一咨嗟，长剑倚天信手拏。北海鲸鲵终就戮，南圻逐鹿竟谁家。”1919年，熊雄深感要救国家民族于危难，必须另寻新路，于是他拒绝了国民党的高官厚禄毅然离开了湘军，11月踏上了赴法勤工俭学之途。在法国，与一同赴法的进步人士赵世炎、陈延年、王若飞、李立三等人频繁接触，密切关注国内的情况。登临巴黎铁塔有感而发，遥望东方战乱中的祖国，心中一阵阵叹息，拿着救国救民的长剑，随时准备报效中华。从这里出发的青年们，有的为中国革命献出了年轻而宝贵的生命，有的后来成为新中国的重要领导人，永远令人怀念。

▲ 1920 年夏，张闻天（中）、沈泽民（右）、沈雁冰（左）合影于上海，1925 年受党组织安排，沈泽民夫妇去莫斯科中山大学留学

甘苦来时要共尝

——赤色苏俄

1912年，“南北议和”达成“和议”，孙中山卸任临时大总统职务，由袁世凯担任大位。此时正是一个安危未决、前途未卜的时期，孙中山应袁世凯之邀，到北京共商国是。离开南京时，孙中山书写了一副对联赠给留守南京的黄兴：“安危他日终须仗，甘苦来时要共尝。”此时的民国，处于关键时刻，安危凭谁仗？无奈之中，孙中山组织了倒袁的“二次革命”，又改组国民党，1923年1月和苏联代表越飞联名发表《孙文越飞宣言》，1924年1月，中国国民党第一次全国代表大会通过的一大宣言体现了反帝、反封建的精神，制定了“联俄、联共、扶助农工”的三大政策，并将旧三民主义发展为新三民主义，以此作为国共合作的政治基础。

十月革命后，马克思列宁主义理论在中国社会开始广泛传播。赴苏俄留学的中国进步青年就读于斯大林命名的东方劳动者共产主义大学，简称“东大”。这所学校直接隶属于共产国际东方部，是一所专门培养东方各国共产党干部的学校，斯大林为名誉校长，分为国内部和国际部。国际部专事为东方各国共产党培训政治干部，按国籍编班，不收学费，包食宿。学制初为七个月，1922年起改为三年。到1924年底，中国班约有学生100人。至1928年5月中国班撤销前，中国共有4批学生进入东大学习。国共合作开始后，1925年11月，苏联政府在莫斯科设立中山大学，专门为中国培养革命骨干，更多的中国青年来到苏联留学。据统计，自1925年至1930年，在东大和中山大学留学过的国共两党学生达1 300人以上。

孙中山逝世后，1925年10月，鲍罗廷在国民党中央政治会议上正式宣布，为纪念逝世的孙中山先生，苏共中央决定，在莫斯科建立一所孙中山劳动大学，专门为中国国共两党培养革命人才。第一批学生采取公开报考和推荐结合的办法，共310名青年学子，除10名倾向进步的无党派青年外，国民党选派197名学员，包括一批国民党政要的子弟，如蒋介石之子蒋经国就曾留苏学习12年；共产党选派103名学员，有张闻天、王稼祥、陈绍禹（王明）、左权等30 多名年轻共产党员，以及杨尚昆、伍修权、陈昌浩、何凯丰、李伯钊、丁玲等一批青年团员和进步青年。不久，中共旅欧支部的20名党团员在法国受到巴黎警察当局的迫害，也转道来到莫斯科中山大学，这批学员中

▲ 20 世纪 20 年代，苏联莫斯科东方大学外景

▲ 1923 年 4 月，在莫斯科东方大学学习的任弼时（左一）、罗亦农（左二）与国内赴苏的刘仁静（左五）、张国焘（左四）等临别时留影

有邓小平、傅钟、李卓然等。所有这三百多名学生为改变中国的面目都做出了贡献。1924年初国民党一大召开，国共合作正式开始，国共两党均感人才与干部奇缺。已在莫斯科受训两年多的东大学生纷纷回国。旅莫支部的很多学生都成了政治骨干，所以，党内有了“旅莫支部派”和“莫斯科派”之说。

旅莫支部流行一句口号：“我们是来这里受‘训练’的，不是来这里做‘学院派’的。”赵世炎将其进一步阐发为：“没有训练，就没有共产主义。”支部建立了严厉的批评制度，罗亦农对支部建设还提出“集体化、纪律化、系统化”的训练口号。1925年10月底，一行青年学生从上海登上一艘苏联货轮，驶往北方的海参崴（今俄罗斯符拉迪沃斯托克）。再乘火车穿越茫茫无垠的西伯利亚抵达莫斯科，并在那里开启一段难忘的人生旅程。大家来到莫斯科中大报名前的第一

▲ 1925 年 10 月 7 日，黄埔军校选送学生赴莫斯科中山大学留学前合影

▲ 1921 年，瞿秋白（后排左四）和张太雷（后排左五）参加共产国际第三次代表大会

件事便是取一个地道的苏联名字。邓小平叫多佐罗夫，乌兰夫叫拉谢维奇，叶剑英叫尤霍洛夫，蒋经国叫尼古拉……有些人的俄文名字甚至陪伴了他们一生，比如秦邦宪后来取其俄文名“波戈列洛夫”的前两字为化名博古，张闻天取其俄文名“伊兹梅洛夫”的后两字为化名洛甫。

可惜的是，1925年3月12日，孙中山不幸在北京逝世，中国国民革命运动失去了领袖和方向。1927年，蒋介石发动四一二反革命政变，汪精卫发动七一五反革命政变，轰轰烈烈的大革命失败了。蒋介石背叛了孙中山的“联俄、联共、扶助农工”三大政策，持续了仅三年的第一次国共合作彻底破裂。旅苏留学历史随之结束，莫斯科中山大学的命运也发生了变化。国民党籍的留学生陆续被遣送回国，有的还被苏方扣留监禁或服劳役；中共籍留学生大部分调往苏联各军事院校培训，未毕业的共产党员、共青团员和进步的国民党“左派”学生继续留在中大学习，国民党左派学生中有许多人后来都加入了共产党。

只付默默一笑中

——报效祖国

无论是清末还是民国时期，不论是去西方，去苏俄，下东洋，在中国大地上掀起了一股股出国留学潮。其中的主流，就是有志青年都希望能够到国外学习更多的科技知识和先进思想，回来报效国家，他们对于学习和引进西方先进的科学理念、知识和技术方法，开启中国现代化进程产生了重要的先驱作用，厥功至伟，并形成传统。

1999年9月18日，在新中国成立50周年前夕，中央和国家机构在北京人民大会堂隆重表彰为研制“两弹一星”做出突出贡献的23位

▲ 1928—1929 年度美国密歇根大学巴伯学者合影

科技专家，并对他们“热爱祖国、无私奉献、自力更生、艰苦奋斗、大力协同、勇于攀登”的“两弹一星”精神给予了高度的评价。这23位受表彰的科技专家中，有21位都有留学海外的经历，其中，钱学森先生就是一个杰出的代表。

钱学森出生在上海，1929年7月，他高中毕业选报大学志愿时，就选择学铁道工程，立志为中国造铁路，为此报考了交通大学机械工程学院，抱着振兴祖国的决心，为改变旧中国积贫积弱的面貌尽一己之力，走交通救国、技术强国之路。1932年一·二八淞沪抗战爆发，中国领空控制权丧失，面对着日军飞机的狂轰滥炸和同胞被屠戮的惨烈景象，钱学森意识到强大的航空工业对于一个国家的重要性。面对国之患、时之需，他毅然放弃了当时自己所学的热门专业——铁道机械工程专业，决定改学冷门专业——航空工程，他只有一个念头：要学习能打下日本飞机的本事。1935年8月，怀着“航空救国”的远大

▲ 钱学森 1935 年从上海乘船赴美，在“杰克逊总统号”邮轮上留影

▲ 1945 年，钱学森（中）与冯·卡门（右）及其导师普朗特（左）在德国会面

▲ 1949 年，钱学森在加州理工学院任教时的留影

理想，钱学森从上海黄浦江码头登上美国邮船公司杰克逊总统号邮轮，赴美深造，进入美国麻省理工学院航空系学习。

初到美国的钱学森很是感受到压抑的氛围，于是下决心奋发学习，在“学好本领，报效祖国”的坚定信念支撑下，钱学森潜心钻研，刻苦攻读，仅用一年时间就获得麻省理工学院飞机机械工程硕士学位。1936年10月，钱学森又转学到加州理工学院攻读博士学位。1939年获航空、数学博士学位。

科学报国的雄心壮志，扎实的智力积淀，孜孜不倦的探索精神，铸就了钱学森年轻时期的学术辉煌，为世界科学事业的发展做出了很多开创性贡献，其中最值得一提的是1939年，年仅28岁的钱学森与导师冯·卡门共同完成高速空气动力学研究课题并创立“卡门-钱学森”公式，一举成名，跻身航空技术工程理论界知名专家行列；1947年2月，年仅36岁的钱学森就成为麻省理工学院正教授，并成为该校最年轻的终身教授。

从1935年到1955年，钱学森在美国整整居住了20年。而立之年便成为一流火箭专家。在这期间，他功成名就，地位显赫。1949年10月1日，新中国的成立，使客居美国的钱学森心潮澎湃，归心似箭要投入建设新中国的怀抱：“祖国已经解放，我们该回去。人民中国才是我永远的家。”然而，美国人认为钱学森知道得太多了，不但赴德国考察过导弹研制资料，还参与了美国军方火箭研制项目，参与了撰写美国空军发展规划。当时的美国海军部副部长丹尼尔·金贝尔异常惊慌，说钱学森抵得上5个师，宁可枪毙也不让他回国，这就使得钱学森的归国之路注定充满坎坷。

无端的刁难接踵而至，美国政府不但决定取消钱学森参加机密研究的资格，他还被监视居住、经常性地审讯、限制人身自由，甚至一度陷入囹圄。长达5年的“折磨”并未使钱学森屈服，反而使其赤子之心更加坚定。他渴望为祖国效力，坚持归国的意志毫不动摇。在他不懈的抗争和中国政府的严正交涉下，直到1955年，历尽艰辛的钱学森一家才踏上返回祖国的旅途。

2009年钱学森辞世，著名军旅词作家阎肃深情地写下《记钱学森》歌词：“大千世界、浩瀚长空，全纳入赤子心胸。惊世两弹、冲霄一星，尽凝铸中华豪情，霜鬓不坠青云志。寿至期颐回首望去，只

▲ 1948 年，国立中央研究院成立第二十周年纪念会暨第一次院士会议留影

付默默一笑中。”五年归国路，十年两弹成。开创祖国航天之路，他是先行人，披荆斩棘，把智慧锻造成阶梯，留给后来的攀登者。他是知识的宝藏，是科学的旗帜，是中华民族先进知识分子的典范，也是中华民族优秀子孙中站在前列的民族先锋。

书备中西须并习

——广方言馆

1863年，担任江苏巡抚的李鸿章，仿照京师同文馆，奏请在上海设立上海同文馆，1867年改名为上海广方言馆。广方言馆的设立，已经与一般专事讲习经史义理、八股时文的旧式书院迥然不同，旨在培养精通洋务的各种专门人才。由具有维新倾向的改革家、吴县（今苏州）人冯桂芬主持馆务。广方言馆章程中，规定学生分为上下两班，初进馆时入下班，学习数理化和外文等基础课程。一年后，经

▲ 清同治二年（1863），由李鸿章奏请在上海设立的近代新式学堂，始称同文馆，设立在江南制造局内。图为广方言馆翻译处

考试合格者升入上班。除了上海同文馆以外，全国还有京师同文馆、广州同文馆，所谓“同文三馆”，堪称晚清新教育的开端，推动着中国教育从传统向现代转型。

上海广方言馆招收14岁以下文童入馆。校址初设敬业书院（今学院路附近）西首，1870 年迁高昌庙江南制造局。按校章和课程分学生为上下二班，其中上班分七科，分别为选矿、冶炼、铸造、机器、航海、军事、政治，实际上已属于大学课程，故其被称为上海高等教育之先河。广方言馆与1862年成立的京师同文馆有两个不同的特色。其一，招生不限于贵族子弟，社会各界有志于学习洋务者，经考试合格皆可录取；其二，学习课程更为广泛，除英语、法语、俄语等语言课程以及必修的经学课程外，还包括西方科学技术和社会科学类课程，凸显出清政府发展科学技术的迫切期望，以及培养商贸实务人才之急需。

上海同文馆自开馆以后一直重视英文教学。英文教习一职先后共有10位，除了刚开始由英国人傅兰雅、美国人林乐知任职以外，后来一直由懂英文的中国人担当此任。1905年，两江总督周馥以各省已设兼习外国文字的学堂，建议广方言馆并入陆军部兵工学堂。至此，这所创办于上海的第一所外国语学校广方言馆在办了42年之后

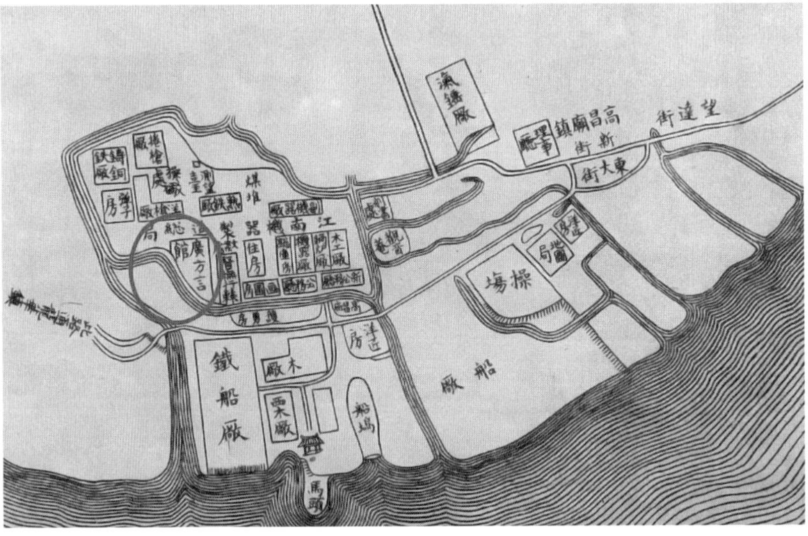

▲ 清光绪十年（1884），上海县城乡租界图局部，这个部分主要是江南制造总局，图中可见其西南角为广方言馆

▲ 毕业于上海广方言馆的外交官陆徵祥，1918 年 12 月赴法参加巴黎和会途经日本，与驻日公使馆全体人员合影（前排左一章宗祥；左二陆徵祥）

▲ 与京师同文馆遥相呼应的上海同文馆旧址

终于结束。

颐安主人《沪江商业市景词》，有感于西学的传播和科举制度的废除，盛赞“书备中西须并习”的新式学堂，如女子学堂、师范学堂、商业学堂、工艺学堂、农业学堂、武备学堂等。与过去“学而优则仕”的价值取向不同，这些学堂多具有职业教育性质，学生入学的目的多半是为了将来的谋生立业，隐示着中国社会正处在一个前所未有的大变局当中。由于懂西文的人谋事最易、挣钱最多、前程最好，外语类学校成为人们趋之若鹜的热门学校。颐安主人《沪江商业市景词》里说“学堂约翰最驰名，多出成材毕业生。咸慕西师精教育，领凭赴职可知程”，“约翰”指的是外国人开办、采用全英文教学的圣约翰大学。当然，这样的“贵族学校”是一般市民所不敢问津的，他们只能到“略知一二便为师”的英文夜馆速成一点洋泾浜英语，现学现用。

但是，当时科举制度依然存在，且国人向以进学为从仕之途的旧教育观念仍然根深蒂固，因此新式学校对社会求学阶层的探索，在很长时间内一直处于彷徨中，进展缓慢。

▲ 清末上海人曹骧所著“洋泾浜语”著作《英字入门》

译书新出已频仍

——翻译书馆

1843年12月底，传教士麦都思（Walter Henry Medhurst，1796—1857）受英国伦敦会派遣，携带印刷机器设备来到上海开办墨海书馆。1844年首部以活字铅印技术印刷的书籍出版，同年出版的《祈祷式文》也成为上海第一部石印著作，遂使墨海书馆成为中国近现代出版史上最早的出版机构，有意思的是，墨海书馆创办的年份，恰好与上海城市开埠同年，更显其特殊的时代意义。

书馆最初设址于上海县城北门外，因麦都思在山东中路福州路南侧一带圈了地，被称为“麦家圈”，墨海书馆雇佣了一批落魄文人当枪手，有“秉华笔士”的雅称，并在日后成为海派文化的始作俑者。1847年8月引进先进的滚筒印刷机，印

▲ 翻译赫胥黎《天演论》和斯宾塞《社会学原理》（《群学肄言》）的学者严复

▲ 晚清江南制造局翻译馆

刷数量也大大增加。墨海书馆最初出版的大部分书籍为教会神学读物，且多由麦都思本人撰编注释。1856年底，麦都思返回英国，由伟烈亚力（Alexander Wylie，1815—1887）接办，在中国学者王韬、李善兰等人的协助编辑下，墨海书馆出版了多种西方研究自然科学的书籍，如《续几何原本》《代数学》《重学浅说》《重学》《谈天》《植物学》《西医略谈》《博物新编》《全体新论》等，涵盖数学、物理学、天文学、医学等诸多领域。其中英国传教士合信（Benjamin Hobson）1851年出版的《全体新论》是在中国出版的第一部西医著作。

自19世纪60年代以后，许多新的翻译出版机构在上海开业，清咸丰十年（1860），美华书馆迁来上海；同治三年（1864），土山湾印书馆创立；光绪二年（1876），英国人美查的点石斋石印局开业；紧接着，日本商人也来上海创办了修文书局和乐善堂书局。其他还有益智书会等，传教士各译书机构在1843—1860年上海开埠十几年间，翻译出版的中文书刊就有200多种，其中非宗教类书刊30余种。一时西学氛围铺天盖地，共同构成了一个新知识生态空间，使上海成为新文化的发展基地和传播中心。

西人除积极创办报刊之外，翻译书籍并付梓出版，也成为他们最重要的文化活动。1887年，来华传教已有20多年的英国人韦廉臣，联络了赫德、林乐知、慕维廉等一批在华知名外国人士，决定在上海成立一个文化出版机构，将欧美的政治、经济、文化、科学知识引入中国。机构最初的名称是同文书会，后更名为广学会，意思是："以西国之新学，广中国之旧学。"可以说，没有任何一家同时代的文化

▲ 1868 年 5 月，担任江南制造局翻译馆专职译员，身着清朝三品文官朝服的英国传教士、翻译家傅兰雅

▲ 清末长江上航行船只的中国翻译

译书机构，可以像广学会这般，对晚清的时代变革，产生如此深远的影响。

对于中国人来说，西学的新知识传播，如同打开了一扇又一扇门，不仅为先进的中国人了解和认识世界提供了条件，而且也形成了一股向西方学习的社会思潮，推动着中国翻译出版事业的产生和发展。1867年，江南制造总局迁址到上海高昌庙，新厂区里繁忙热闹。在厂区西北隅却有一片幽静场所，这就是江南制造局翻译馆，它是近代中国第一个由官府创办的翻译西书机构，也是清末洋务派经营时间最长、出版书籍最多、翻译质量最高、影响最大的翻译、出版机构。

一个造枪炮、轮船的兵工厂，为何要设立翻译馆呢？1867年，徐寿、华蘅芳调入江南机器制造总局。在工作实践中，他们逐渐认识到，为适应和满足江南制造局效法学习西方科技的需要，必须翻译西方的科技书籍。1868年，经徐寿、华蘅芳等人建议，由两江总督曾国藩奏请，翻译馆应运而生。江南制造局翻译馆还先后聘请中外学者59人参加译书，其中包括傅兰雅、伟烈亚力、林乐知、玛高温等外国学者9人，徐寿、华蘅芳、舒高弟、李凤苞、赵元益、徐建寅等中国学者50人。译书方法是西译中述，即外国人口译，中国译者笔述并润色。其翻译原则为：沿用中文已有名称；若无中文名称则创立新名；所创新名汇编成《中西名目字汇》。时人佚名撰《上海竹枝词》云：“译书新出已频仍，标目争先日报登。惹得嗜奇人竞买，每多暗合异名称。”“纵观南北各书坊，半备消闲半学堂。旧日诗文今尽弃，趋时新置教科忙。”江南制造局翻译馆存在近40年，先后共翻译出版了包括兵学、工艺、兵制、医学、矿学、农学、化学、算学、图学、工程、电学、地学、天学、学务、声学、光学等十几个专业领域的科技图书，对近代中国军工事业的发展、西方科技在中国的传播普及和应用产生了重大影响。

▲ 1945 年翻译训练班一个学员在专心阅读美国的一本期刊

▲ 将汉字称为“野蛮之符号、野蛮之笔划、野蛮时代之名物”的吴稚晖（居中穿长袍者）

横平竖直皆风骨

——汉字存废

古老的汉字传说是由仓颉创造的，从此我国便有了文字记载的历史。中国汉字从原始符号和图画文字开始发端，至少已经经历了五六千年的风风雨雨和春华秋实，才形成规范的具有音、形、义三种属性的汉字。随着古代周边文化的传播，又形成了亚洲的“汉字文化圈”。同西方拼音文字相比，汉字的音、形、义结构，确实是一种三维结构的完美统一。然而，人们还依稀记得，面对古老而又神秘的方块汉字，中外人士曾经对它的责难、挑剔，说它是“最落后，最笨重的文字……”。历史性的争论只能由科学的发现做出公正的仲裁，事实雄辩地证明，汉字是中华民族的文化瑰宝，作为世界上最古老的连续使用文字之一，其创制与发展凝聚了先民的智慧，承载了数千年文明，被不少学者和民众誉为中国的“第五大发明”，也是世界文字中最有艺术感的文字。

19世纪下半叶，来自西方的或先进或激进的思想，迅速席卷了中国文化界。甲午战争后，日本明治维新之后很快跻身世界列强的现实对中国知识分子产生了强烈刺激，让他们几乎在所有方面，都产生了学习日本的愿望，以期实现富国强兵之理想。一部分文人学者主张废除汉字，这些学者对比了汉字与西方拼音文字，普遍认为汉字难学、难写、难识，是普及义务教育难以解决的障碍，造成当时的文盲率极高；汉字书写的文言文，佶屈聱牙，很难与大众化的口语融合，不利于推广白话文；中国急于学习西方先进科学技术，但汉字在学习、记录来自欧美等现代科技名词时，非常不方便。汉字与西方新科技“不兼容”；更主要的是四万万中国人当中，只有3%～4%的国人才能熟练使用汉字。

▲ 新文化运动的急先锋钱玄同曾倡言简化汉字，主张以拼音字母取代

今天的人们，或许很难理解“废除汉字运动”发起者的一颗拳拳报国之心，新文化运动的领导者胡適、陈独秀、鲁迅等人，旗帜鲜明地提倡科学与民主，提倡白话文，反对文言文。这些仁人志士，其中也有一些人进一步提出了废除汉字运动。1919年，在北京大学教授钱玄同的奔走呼吁下，中华民国国语研究会出版了《国音（汉语注音符号）字典》，并由教育部确定为教育标准；1920年，钱玄同在陈独秀主编的《新青年》上发表《减省汉字笔画的提议》，率先提出汉字简化，并身体力行进行汉字拼音化改造的实践。其实，早在明朝末年，意大利传教士利玛窦就提出过汉字拉丁化的构想。1892年，清末学者卢戆章撰写《一目了然初阶》，尝试用拉丁字母及其变体来拼厦门音，开启了“切音字运动”，他是中国汉字拼音化的首倡者。

▲ 国学大师章太炎挺身而出与国民党四大元老对阵：汉字不可废，万国语不能用

民国时期思想多元，学者们提出了数十套汉字拼音化改造方案，主要有两大系统：“汉语注音符号”和“拉丁化新文字”。两大系统都希望推动汉字拼音化，等大众普遍接受后就废除汉字。在这股愈演愈烈的废除汉字声浪中，有“中国现代语言学之父”之称的赵元任，敏锐地发现“废除汉字运动”中多音字的“软肋”，他创作两篇奇

文，代表广大基层民众，对汉字拼音化发起猛烈反击。他撰写了《施氏食狮史》和《季姬击鸡记》两篇奇文，前一篇全文103字，读音都是“shi”；后一篇全文98字，读音都是“ji”，却讲述了两个相对完整的故事，如果你熟悉汉字，自然能一目了然；但如果你只会注音符号或拉丁化新文字，那么，无论你如何努力，每篇文章只能听到同一个发音，根本无法将这两个故事，完整地“翻译”出来。

汉字是象形文字，其显著的特点是字形和字义的联系非常密切，具有明显的直观性和表意性。作为汉语书写形式的方块汉字，与西方文字不同，它不仅表音，而且以形表义。这种文字为形象思维提供了方便的工具，使得中国人长于形象思维。“横平竖直皆风骨，撇捺飞扬是血脉”。不论考古发现的秦书汉简，还是古建筑上的汉字匾额，中国人能很快心领神会，神交古人；但废除汉字的韩国人（朝鲜人）、越南人，面对本国祖先用汉字书写的古籍、匾额，却如同看天

▲ 乡间幼童在书写汉字

▲ 语言学大师赵元任（左 2）与学生进行社会调查

书，只能通过翻译才能知会达意。正是因为汉字这些无与伦比的优点和长处，导致民国以来数十套企图代替汉字的“拼音化方案”，在推行过程中，往往受到中小学生、芸芸众生的普遍抵制，“废除汉字运动”最终在自身无法克服的痼疾面前，只能不了了之。

三千剑气久销沉
——民间结社

自古以来，我国就有“民间结社”的传统，当时江南文风大盛，精英荟萃，南社是柳亚子、陈去病等在苏州成立的，一说取“操南音不忘其旧”之意，也有说是意在标榜“反抗北庭”，无论哪种，均可见提倡民族气节，反对满清王朝统治的主张，是辛亥革命时期进步的文学团体。

南社将社员聚会称为“雅集”，是政治活动和文化活动的主要方式，风云际会的20世纪初，南社之名震动宇内，时有“文有南社，武有黄埔”之说。郑逸梅《南社成立前的酝酿》一文，曾经引庞树柏《哭黄人诗》，有“十九寓言空领略，三千剑气久销沉”（注云，“庚子之春，先生偕余兄弟结三千剑气文社于吴下”）。庚子为清光绪二十六年，公元1900年。黄人为常熟黄摩西，著稗史说部，负有盛名。这时他执教苏州天赐庄的东吴大学。树柏和黄人同乡，旅居苏州。后来均籍隶南社。

▲ 1880 年前后，《雅集图》明信片

▲ 1880 年前后，相馆幽秘花园布景拍摄的众文人雅士合影照

民间集社，就是为了某种共同的目的，参与共同的活动而建立的稳定的非官方的民间组织或社会团体。历史上的民间结社呈现出不同的类型：一是政治性结社，中国史籍中的“戚党”“太子党”“阉党”等，均属此类，清末民初政党林立，特别是19世纪末20世纪初，“强学会”“保国会”，还有预备立宪公会、宪政会、宪政公会等都是打着“学会”幌子的政治性团体；二是文化学术性结社，春秋战国时的各种学术集团是其滥觞，魏晋之后才有了严格意义上的文人学术社团；三是经济互助性结社，最初的经济性结社称“合会”，是会员相互接济的组织，同行业结社形成的“市肆”、会馆、行会、商会等经济性更强；四是民间慈善团体；五是民间秘密会社，从先秦起，历经宋元到明，秘密结社的“会”的组织化愈来愈强，于清代达于极盛。

清末民初，民间结社受到中西文化碰撞与交汇的深刻影响，社会上出现了大量的民间社团，这些机构和组织的活跃，形成了一种来自

▲ 1880 年，杭州文人游西湖三潭印月雅集

▲ 1921年秋，狼虎会成员在上海滩聚餐后，又将“会”开至苏州。图为周瘦鹃等在苏州雅集

民间的社会整合力量，既有一大批为民族前途和兴亡而拼死奋斗的政治性社团，也有各种“学会”“研究会”“学社”“协会”等新式学术文化社团，既有清末洋务运动时期思想启蒙和西学东渐的续存，也有五四运动和新文化运动的新品；既有五花八门的新型行业组织，也有外国传教士兴建的以传教为目的的慈善机构；更有在动荡社会里蝇营狗苟的帮会和秘密社团。

上海的社团或学会基于共同意识和在经济利益基础上结成的目标，在民国上海城市生活中是大量存在的。据1936年《上海市年鉴》统计，全民族抗日战争前上海文化艺术科技类的重要团体有215个；宗教界的团体200个以上；各业的工会组织有120多个，会员13万余人；社会慈善团体有175个；公益团体有115个。另外，各个行业除了同业公会外，有些行业还设有本行业的专业团体，如化学工业行业有化学工业社、中华化学工会等；在医学界有中华医学会、红十字会、牙医学会、护士协会、中西医药研究社等十多个；体育界有中华体育会、精武学会、国术社、中华武术会等多个团体；还有各地旅沪人员以地缘业缘复合关系组成的团体如宁波旅沪同乡会、绍兴同乡会、广东旅沪同乡会、福建同乡会、浦东同乡会等新式同乡组织65个。甚至连侨居上海的外国人也组成了一些社团组织，如李佳白办的尚贤堂、卜舫济办的亚洲文会、福开森办的中国科学技术会及广学会、益智书会等。总之，从民国初年直至抗日战争爆发的数十年里，上海具有一定社会影响的各类社团和学会的数量林林总总，可能已有上千个，总体上以地缘

▲ 1922年，在南通召开的中国科学社第七次年会全体代表合影，前排右四为梁启超

关系发展成带有地缘、业缘复合关系的经济类型社团组织居多。

从清末到国民政府成立，中央政府与地方政府在行政上的职能关系，长期处于脱离或松弛状态，地方政权也经常处于频繁更替的动荡局面，更由于军阀割据造成国内各地的战乱连年不息，严重影响了统一的国内市场的形成。民间社团的产生及逐渐发达，表明各地城市社会生活中形成了以共同意愿为基础的社会群体，不仅提供了成员向现代化转化的途径，社团本身的组织结构也不断趋向现代化。

第三章

科技与文化事业的兴起

1915年9月，陈独秀在上海创办《青年杂志》，并发表《敬告青年》一文（发刊词），表达其反对封建礼教，追求民主与科学的强烈愿望，标志着新文化运动开端。1916年9月该杂志改名为《新青年》，其封面除了汉字外，还有法文，体现的就是强调学习法国启蒙运动。陈独秀提出“新青年”六条准则：“自主的而非奴隶的”“进步的而非保守的”“进取的而非退隐的”“世界的而非锁国的”“实利的而非虚文的”“科学的而非想象的”，强调启蒙的目标在于普及新知识、新思想，其重点自然在于青年。

1916年12月，北洋政府任命蔡元培为北大校长，蔡元培做了两件事：一是提出“思想自由，兼容并包”的办学方针；二是不拘一格求人才，聘请了具有新思想的学者来北大任教，如陈独秀、李大钊、胡適、鲁迅等。蔡、陈、胡皆属兔，有“三只兔子闹北大”之说。启功、梁漱溟、钱穆、华罗庚等人只是中学毕业，沈从文、金克木则仅上过小学，都被蔡元培聘为北大教授。1917年初，陈独秀受聘于北京大学文科学长，《新青年》编辑部迁到北大，一批北大教授加盟，李大钊、胡適、鲁迅等成为主要撰稿人，杂志以全国最高学府为依托，由地方性普通刊物变为北大教授为主体的全国性刊物，直至发展为“一代名刊”。各地刊物也纷纷出版。

“民主”与“科学”是20世纪初期中国先进知识分子发起的新文化运动初期的两大基本口号，当时，根据其音译，两者曾被形象地称为“德先生”（Democracy）和“赛先生”（Science）。在民主与科学精神旗帜的指引下，新文化运动掀起了中国近代史上一场空前的思想解放运动，为马克思主义的传播和中国共产党的成立，创造了有利的思想条件。

这场新文化运动，本质上是资产阶级激进民主派掀起的资产阶级性质的思想文化运动，为辛亥革命“补课”。它动摇了封建思想的统治根基，人们的思想得到空前的解放。在此基础上，妇女解放、婚姻自由、家庭革命等口号的提出，也使这场运动所涉及的内容远比辛亥革命时期更为广泛和深刻，成为一场前无古人的伟大社会革命。新文化运动是一场全面的文化转型运动，对中国政治、思想、伦理、文学、艺术等方面产生了深刻影响，新文学运动推动了中国文化的普及和繁荣。

▲ 1919 年，梁启超组织中国欧洲考察团，成员包括蒋百里、张君劢、丁文江等，此次考察让梁启超深刻意识到在中国推广科学与民主观念的重要性。前排左二为蒋百里、左三为梁启超、左四为张君劢

天下英才期尽得

——科学救国

中国古代也有“科学”一词，不过那意味着“科举之学”及“分科之学”，明治维新前后，日本学者率先用“科学”翻译science并赋予其近代意蕴。清末民初伴随着西学东渐的潮流，国人或取道日本，或留学欧美，在传播西方文化和科学知识的过程中，借鉴日本的翻译方式以“科学”指称近代science，并使其内涵不断演化和发展，其基本轨迹可归结为由侧重阐述“学术分科”观念发展到重视揭示“公理公例”之学，而科学方法论的导入和探索，成为推动近代中

国科学观渐趋丰富、全面，注重观察、实验和归纳的方法，在各个学科都涌现出不少杰出的学者和学科带头人。署名“兰陵忧患生”所作的《京华百二竹枝词》云：“分科大学指开堂，功课七门教育良。天下英才期尽得，维新人物在中央。”作者注云：“分科大学，经学部奏明开办，共分七门：曰经科、曰法政科、曰文科、曰格致科、曰农科、曰工科、曰商科，订于宣统二年正月开校。”可知，大学堂按设计已经是多学科的新型大学。

▲ 1919 年，梁启超（前排中）在巴黎与友人合影

▲ 1924 年，苏州东吴大学科学馆，为纪念第二任美籍校长葛赉恩（J.W.Cline）的父亲而命名的理科大楼，故称“葛堂”

20世纪20年代，早期出国深造的一批留学生陆续回到祖国，在国内开展科学文化教育和研究工作，涌现出许多享誉国际的知名学者与科学家，如有“中国雷达之父”之称的束星北，他是诺贝尔奖获得者李政道的授业恩师，也是我国早期一位杰出的理论物理学家和教育家；有“中国现代数学之父”“中国解析数论学派”创始人华罗庚；在研究三角级数论，尤其精研函数论，取得了重大的突破和举世瞩目成就的数学家陈建功、苏步青；中国现代数学先驱、中国函数论主要开拓者之一的熊庆来，中国许多著名科学家，如数学家许宝騄、段学复、庄圻泰，物理学家严济慈、赵忠尧、钱三强、赵九章，化学家柳大纲等均是他的学生；近代化学工业的奠基人之一、杰出化学家侯德榜；中国近代物理学奠基人、中国物理学界的一代宗师叶企孙；中国近代物理学研究的开拓者和奠基人之一，被称为中国物理学研究“开山祖师”的吴有训；中国近代地理学和气象学的奠基者竺可桢；中国现代物理研究奠基者、开创者之一严济慈；土木工程学家、桥梁专家茅以升；有“中国地质之父”之称的章鸿钊；中国地质力学的创立者、中国现代地球科学和地质工作的主要领导人和奠基人之一李四光；创立了中国现代教育史上第一个建筑学系的建筑学家梁思成；以及一大批历史地理语言文字等方面学科的社会人文科学家……

“天下英才期尽得，维新人物在中央”。由政府出面创办科研机构，促进国内学术研究的发展，让科学救国从口号变成现实的政策。经过长时间的酝酿与准备，正式成立中央研究院，由蔡元培任首任院长。1928年6月9日，蔡元培在上海东亚酒楼聚集了一批顶尖学者，召开中央研究院第一次院务会议，宣告中央研究院正式成立。1928年11月，国民政府公布《国立中央研究院组织法》，规定中央研究院直属国民政府，为全国最高学术研究机关。主要职责为实行科学研究，指导、联络、奖励学术研究，培养高级学术研究人才，设立物理、化学、工程、地质、天文、气象、历史语言、国文学、考古学、心理学、教育、社会科学、动物、植物等14个研究所。

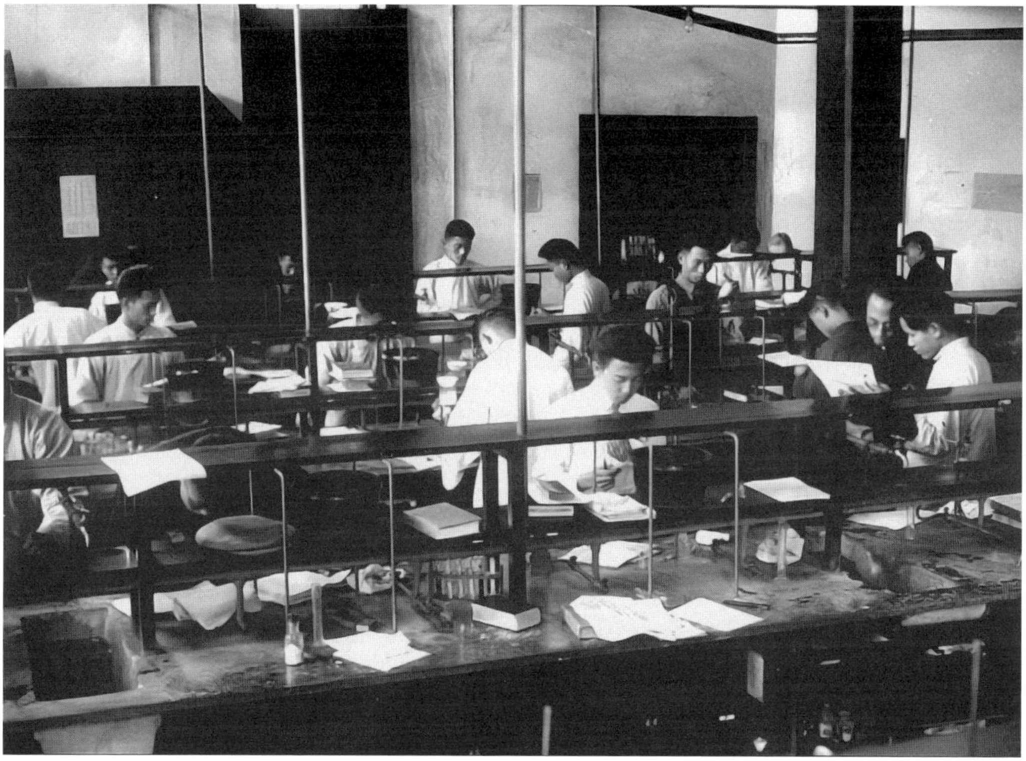

▲ 20 世纪 20 年代，医预科的教学与设备内部情形

中央研究院成立之初，设有理化实业研究所、地质调查所、社会科学研究所和观象台四个所。最初创设的研究所均与实业相关，后在傅斯年的多次建议下，以历史语言研究同样具有重要性为由，在1928年10月设历史语言研究所于广州中山大学，后迁入北京北海静心斋。到1930年，理化实业研究所分为物理、化学、工程三个研究所，观象台分为天文、气象两个研究所，再加上以后陆续建立的自然历史博物馆和心理研究所，共建立了10个研究机构，中央研究院初具规模。

▲ 1933年1月，创刊于南京的半月刊《科学的中国》由中国科学化运动协会编辑委员会编辑

历经日寇侵华与全民族抗战，中央研究院直到成立20年后的1948年3月，才正式召开了院士评议会，评选出首届院士，共81人。这些杰出学者与科学家在中国近代科学技术史上具有独特的作用，做出了巨大的贡献。1948年冬，国共内战，南京国民政府溃败，退守台湾。父母之邦不可弃：1949年，首届81名院士中，有59名院士选择留在大陆，为新中国建设培养了许多有生力量。

进春紫禁从民俗

——历法纪年

中国是世界上最古老的文明国家之一，历史上，中国人根据各种知识现象而自发形成过许多很有意义的时间标准和仪式化的特殊时间表现方式，节日更像一个富有意义和象征性的时间容器，围绕这一内在的时间标准而形成了一整套符号象征体系，包括诸多具有仪式化表征作用的节日。

起初古人根据大自然现象，如树木吐蘖、草地返青等来指代和预

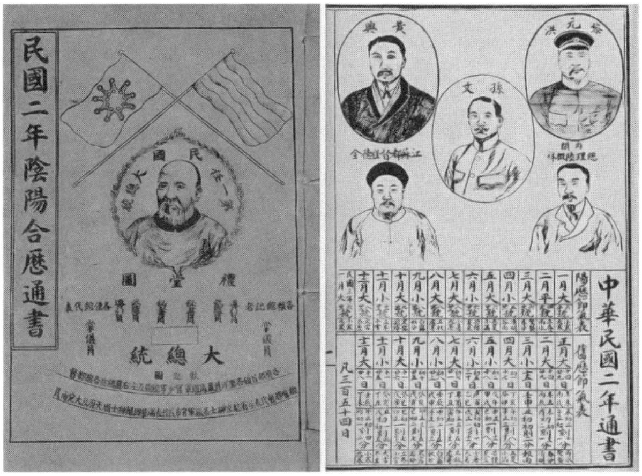

▲《民国二年阴阳合历通书》封面肖像：民国第一任大总统袁世凯

▲ 20 世纪 30 年代春节，上海一户人家的男孩怯生生地放鞭炮辞旧岁，祈愿吉祥如意

示着春天的来临，蛇虫蛰伏、雪花飞扬昭示了冬天已到，如此等等，来确定时令和季节，并大致上定出了一年的长度。这是一种物候历。但物候历不是一种精确的历法。

大约在五六千年前，各种早期文明已开始编制天文历法，这就是适当地安排年、月、日的关系，做到既能反映基本自然规律，又能满足人类生产和生活的需要，用以计量日期、确定季节和节令。编制历法标志着真正意义上天文学的诞生。

中国古代历法是一门很专门的学问，不仅是古天文学的一个分支，也涉及影响到数学、医药、易数、物理等各个领域，可以说是中华文明的文化基础。西汉以前，我国使用的六种古历法，即黄帝历、颛顼历、夏历、殷历、周历和鲁历。唐朝诗人卢照邻《中和乐九章·歌登封第一》有云：“炎图丧宝，黄历开璿，祖武类帝，宗文配天”，黄历就是黄帝历的简称，所以人们习惯把历书称为黄历。历代皇帝都很重视历法。至唐后，历书须经皇帝亲自审定后才能颁布，且只许皇家官方印历发行，从此，历书就成了“皇历”。

西汉之前的历法形态各异，如每年的开端不同：夏历建寅，即以阴历一月为岁首，因一月为寅，故称正月建寅；殷历建丑，即以阴历十二月为岁首；周历建子，即以阴历十一月为岁首。岁首的月建不同，四季也就随之而不同。秦始皇统一中国后，以颛顼历为基础，以阴历十月为岁首，但春夏秋冬和月份的搭配，完全和夏历相同，因为夏历的设置比较符合农事季节。汉武帝时，武帝命邓平、落下闳等人修改《颛顼历》而作《太初历》，仍以夏历的正月为岁首（所以民间称为“夏历”），并把二十四节气订入历法。《太初历》同时结合周朝太阳历法，将周朝分出的一年24个节气插植到以上所说的月历法中去。这样，就形成了阴阳历法的特征。中国太初历的阴阳历法，就蕴含了记数和包括人在内的动植物生长周期的两种科学人文内涵。

传统历法纪年，在上古时期萌发，穿越夏商周三代与封建时代一路走来，至今已有数千年的历史。1912年，结束两千年封建帝制的民国，决定改变历法。1914年起，袁世凯将公历1月1日定为岁首，原来叫作元旦的农历新年则被赋予“春节”的新名称。这就是辛亥革命胜利之后新政府在社会改革方面“着力进行”的“取消阴历”而“推行阳历”的计划。

▲ 晚清上海《点石斋画报》以《别岁》为题的画作，画中描绘了贴宜春字、写楹联、互相拜谒的场景

▲ 1949 年 9 月 27 日，中国人民政治协商会议第一届全体会议一致通过：中华人民共和国采用公元纪年

▲ 中华民国元年月份牌

自清末以来，国家局面日益困难，开眼看世界的新一代知识分子高呼向西方学习的口号，以图实现救国强国的梦想。然而，由于千百年来中国人对于“天干地支”纪年方式早已习以为常，清末有竹枝词云：“朝出土牛送腊寒，纷陈仪卫彩街攒。进春紫禁从民俗，迎气东郊京尹官。”因此传统的历法纪年还是有强盛的生命力。阴历对于中国农业社会中“农事节奏”“民间商业结账习惯”均具有长期而重要的时限影响力，尽管民国政府以改革者自居，延续了北洋政府的历法政策，坚定推行公历，但收效并不很大，阴历在中国民间一直很有影响。1928年12月8日，国民政府颁发通令，宣布：“自1929年1月1日起，全国使用公历，废除旧历，禁过旧年。”此前的北洋政府只是不允许公务人员过春节，而国民政府则希望把春节习俗从中国民间连

根拔起，但除了引起民怨鼎沸外，没有任何实质作用。老百姓还是偷偷在家过年，除了被严格控制的城市市区，1929年的农历新年到来时，家家户户依然吃起了团圆饭，爆竹声声，好不热闹。当局不得已，最终只能同意从1934年1月起解除禁令，表示“对于旧历年关，除公务机关，民间习俗不宜过于干涉”。虽然春节仍不放假，但民众得以公开庆祝农历新年。

1937年，全民族抗日战争爆发，南京、上海、平津相继沦陷，国民政府被迫迁都重庆。在全民族抗战的背景下，春节又被赋予了抗战动员的全新意义。

西法流传气象台

——天文气象

中国古代社会很早就有气象仪器，有关气象及预报的古籍记载也不少，除了北宋王安礼等重修的隋庾季才《灵台秘苑》，以及邢昺的《耒耜岁占》外，南宋学者郑樵也曾系统地列出《占候风雨赋》《云气图》《气象图》等气象典籍目录17个。古代的气象预报叫“占候术”，占候文献之多，足以说明当时占候术的兴盛。元末明初，吴兴人娄元礼和松江人陆泳编撰《田家五行》及其《拾遗》，书中涉及天气、气候、农业气候、物候等方面的内容，经其验证和鉴别的共有600余条，是国内首编的地方性气象专辑之一。明代末期，中国近代科学先驱徐光启编著的鸿篇巨著《农政全书》共60卷。其中《占候》部分，广收江南天气、气候等方面农谚，进一步整理、补充和验证《田家五行》的测天经验，并在农业、水文气象上有新的拓展。

可是，古代的“占候术”并不能解说天文气象生成的原理，严格地说，近代之前它还不能称为现代意义上的气象观测学。上海开埠以后，西方近代气象科学随之传入，清同治十一年七月（1872年8月），在天主教江南教区郎怀仁主教与耶稣会江南传教会会长谷振

▲ 清同治年间法国人在上海徐家汇创办的天文台

▲ 1842 年 7 月 12 日，耶稣会三位会士抵达上海时，带来了当时欧洲最先进的天文望远镜

声主持下，决定在徐家汇成立“江南科学委员会”，同时决定，在徐家汇建立一座“与耶稣会相称”的观象台，将气象记录和观测结果编成报，在上海出版并寄往欧洲。同年12月1日正式开始气象观测，这也是上海连续不间断气象记录之始。

这个天文台建在肇嘉浜边，虽然称为天文台，其实房屋、设备极为简陋。以后，神父们自己动手制作了一些仪器，又陆续从欧洲添置了若干设备，这个简陋的天文台成为中国近代出现的第一个气象观测和预报机构。由于气象观察已能用电报与海边和岛屿上的气象站保持联系，便能有效地预报中国海上的天气情况。1879 年根据气象观察所得，一次强烈的台风经过上海，天文台的神父们综合了观察的记录，经过讨论加以公布。首次准确预报台风讯息，让徐家汇天文台名声大噪。

1881年得到上海商会支持，徐家汇天文台已开始向上海各报纸发送每天的沿海气象报告。1882年12月，为了及时获得海上气象情报，轮船招商局向两江总督左宗棠提出沿徐家汇路向徐家汇观象台架设电话线杆。得到朝廷批准后，法租界公董局决定在外滩建气象警报信号台，设对时所用的子午时辰球，并请法驻沪总领事傅赉世向上海道台邵友廉提出与轮船招商局同样的架设电话线的要求。1884年天文台开始每天向航海人员报告沿海气象，此外，通过电话和电报的线路，各地也相继向徐家汇报告沿海气象。徐家汇天文台根据每天收到的电讯，综合绘成天气图，影响日盛。

▲ 南京北极阁国立中央研究院气象研究所

清末余槐青的上海竹枝词如此描述：“徐文定后徐家汇，西法流传气象台。测验本来科学化，玑衡满诩掞天才。”由于气象观测对航海安全具有重要作用，1875年8月3日，上海道冯焌光参观天文台。他对气象观测和预报极感兴趣，并提议将气象预报直接用于指导航海事业，于是，这个天文台就多了一份业务——直接向海关提供气象信息。

▲ 清光绪八年（1882），徐家汇天文台开始预报气象，并建造了一幢3层楼的新天文台

《点石斋画报》当时就以《日之方中》的新闻绘画介绍：

▲ 清末上海最早的徐家汇天文台外滩信号塔

气象信号台主建筑上有一木杆，顶端安装风向仪和风速仪，风速仪下有一只大球，它是报时用的，每天中午十一点三刻，球上升半杆，十一点五十五分升至顶点，十二点整下降到原来位置上；正杆旁有数根绳索，它是扯报风旗的。虽然气象信号台十分简单，但它确实成了上海最早的气象预报台及标准时间对时钟。

以后，随着外滩建筑的不断升高，对所发布的气象准确性，要求也越来越高，1907年，外滩气象信号台被拆除重建，升高至50米，成为当时外滩最高的建筑物，黄浦江上的轮船，可以远望信号塔上扯起的各种信号旗，以决定是否起航，此举对上海航运业的发展起了相当关键的促进作用。徐家汇观象台对来华各国商船及时提供气象情报，当然，对入侵中国的西方军舰也提供了气象服务，从而成为西方敲开中国大门的帮凶。

20世纪20年代以后，随着无线电广播事业的发展，气象预报可以更及时地传送到更远的地方，信号台的报时及气象播报作用逐渐减小，直至最终退出历史舞台。

▲ 清末上海教会指导的中西艺术同台演出

声声唤醒梦中人

——海派艺术

近代史上，上海自通商以后，迅速成为全国对外开放的最大通商口岸，伴随着商贸的频繁往来，西方文化也随之进入，国外的艺术元素不断在上海出现，国内的一些文人墨客也从各地流寓于上海，以卖画为生，日久遂使上海成为绘画活动中心。包括生活方式和思想观念在内的西方文明的进入，使上海成为当时中国最洋气的城市；内地大量移民的迁入，则把中国本土文化中的各个区域文化带进了上海，于是上海成为各种文化和文明的交汇、交流与进出母港。这种交汇与交流使“海上画派”犹如千条江河汇入大海，它们相激相荡、相克相生，赋予“海派文化”兼容并蓄、多元共生的特点。

以书画为例，清末诗人、嘉兴人张鸣珂在《寒松阁谈艺琐录》中写道："道光、咸丰间，吾乡尚有书画家橐笔来游，与诸老苍揽环结佩，照耀一时。自海禁一开，贸易之盛，无过上海一隅，而以砚田为生者，亦皆踽踽而来，侨居卖画。""庚辛之间，贼陷江浙，东南半壁，无一片净土。而沪上繁华，远愈昔日，诸名士避地至此，来作寓公。"上海南汇人黄式权，曾任《申报》主笔，通上海掌故。他于1883年刻印的《淞南梦影录》一书中，详记晚清社会的百态与变迁等，他写道："各省书画家以技鸣沪上者，不下百余人。"

上海画风原本素有文秀之美誉，明清研习书画之风渐盛，开埠前繁荣的文人雅集，无疑为海上画派的崛起，提供了深厚的江南文化底蕴和良好的雅集传统。上海老城厢重商的文化氛围，也蕴含着海派文化中的开放、包容、多元与创新的文化因子，可见海上画派是海派文化早先最重要的基础。19世纪末至20世纪初的短短二三十年间，在移民潮、书画社团、润格制度、市场化运作等多重因素催动下，上海书画家群体逐渐成型，开始冠以"海派"之名。"海上画派"之名本质上与吴门画派、松江画派、金陵画派、娄东画派同构，但拿掉其中间两字径呼"海派"，在当时则既能看成简称，又可视为讥诮。

▲ 徐家汇圣母院创自清代咸丰五年（1855），同治八年（1869）迁至徐家汇

为什么说带有"讥诮"呢？初期是专指那些喜欢"掮牌头""掼派头""摆噱头"，做事不踏实之人的做派。1917年出版的《清稗类钞》，其中"戏剧类·海派条"写道："京伶呼外省之剧曰海派。海者，泛滥无范围之谓，非专指上海也。京师轿车之不按站口者，谓之跑海。海派以唱做力投时好，节外生

枝，度越规矩，为京派所非笑。”这是“海派”一词最早出现在公众视野，名声似乎不那么好听。

其实，当时海上画派因破格创新，个性鲜明，往往被坚持“正统”的士绅阶层斥为浅薄、混乱也是很正常的。无论是绘画还是戏剧类的艺术生产，当扩大到为大众市场提供消费品的资本主义大规模生产阶段后，他们的目的不是生产严格符合某种传统规范的产品，而是生产能够获得良好市场反应的产品，尊重消费者选择才是成功的必要条件。而上海的京剧，更注重按照剧情的需要，灵活地驾驭程式；加上机关布景翻奇求新，舞台灯光变幻豪华，魔术特技花样迭出，一时深得观众喜欢，形成了海派京剧通俗明丽的特点，这一特点正是自觉适应市民审美趣味的结果。所以有论者谓：“京剧的推行，与其说是京津艺人的艺事精湛有以致之，不如说是上海艺人发展能力较强，营谋之心较切，因而随处找到它的立足点。”正是因为海派京剧能“适应当地（上海）民情风俗”而进行改革，所以它才能“以新颖之剧目，精进之唱段，华丽之服装，鲜明之伴奏而与当地剧种争长”。专家所总结的海派京剧的立足点和生命力，正在于它适应了上海的“民情风俗”和市民趣味而已。

▲ 晚清民国时期艺术大师，“后海派”艺术代表人物吴昌硕先生像

▲ 由于市场竞争，迫使所有在上海谋生的演艺家都必须努力激发自己的所有潜能。图为程砚秋《锁麟囊》剧照

至20世纪30年代，海派艺术已经从绘画、戏剧，扩展到文化的方方面面，守旧派惯于因循守旧，而海派文化倡导多元包容，革新图强；海派文化不仅与传统文化大相异趣，而且明显烙有新的时代印记。民国时人作《文明新剧》竹枝词云：“却从旧本别翻新，说法禅宗惯现身。莫作消闲新剧看，声声唤醒梦中人。”“海派”从最初的贬义，到中性，再到后来的褒义，经历了一个不断冲撞与融合的过程，并不断扩大外延，最终产生了这样史无前例的多元化景象与文化现象。

▲ 从复杂多样的中西文化中，提炼精髓，建立起海派特有的视觉体系。图为民国初年上海精修家具的工匠修理雕刻红木家具情形

▲ 20 世纪 30 年代南京路夜景

火树银花灿若何

——霓虹闪烁

在市场环境下，远东最大都市上海的兴起和发展，都必须适应市场条件下的立足与生存。霓虹灯直截了当地呈现了大都市的所谓灯红酒绿、光怪陆离的摩登生活。不论是达官贵人，还是贩夫走卒，他们的杂居状态本身就体现了上海的现代化。与一般电灯不同的是，霓虹灯更是一种暗示，它的五光十色的奇幻面貌，不仅是在夜间的照明，而且还指向对一种特殊的生活方式的想象。

上海是一座移民城市，三江八汇的人们来到这里，使这座城市成为中国早期经济、商业的中心，其中与之密切相关的广告行业也尤为发达；霓虹灯是1902年发明的，当年就被西人带到了上海滩。1926年，上海南京路伊文斯图书公司在其橱窗内用霓虹灯安装了一幅“皇家牌打字机”英文吊灯海报，这是我国最早的霓虹灯广告。丰富多样的表现形式是设计与社会交织的共同产物，具有鲜明的社会特征与独特的设计意趣，就是专业的广告设计者也感到叹为观止。

20世纪20年代末，上海城市人口迅速增长到了100多万，经济、贸易、商业尤其发达，已经跃身为世界级的大都市，人们因为利益的驱动和战争的缘故来到上海，1927年北伐后达于鼎盛。那时的上海容纳了形形色色的人，他们来自世界各地，从流浪汉、农民、妓女到暴发户、外交官、知识分子，成群结队，杂居一处。中外商家为了应对自由、残酷的市场竞争，争相利用各种广告形式来推销产品、宣传自身，户外广告设计具有直观、经济、受众面广的特点，广为各个商家所接受。此时上海户外广告设计的形式传统与“现代”气息共存，在30年代前后达到巅峰，成为近代上海设计的一个独特门类。

▲ 20 世纪 30 年代大世界夜景

左翼作家茅盾的《子夜》一开始就描写：“太阳刚刚下了地平线……暮霭挟着薄雾笼罩了外白渡桥的高耸的钢架，电车驶过时，这钢架下横空架挂的电车线时时爆发出几朵碧绿的火花。从桥上向东望，可以看见浦东的洋栈像巨大的怪兽，蹲在暝色中，闪着千百只小眼睛似的灯火。向西望，叫人猛一惊的，是高高地装在一所洋房顶上而且异常庞大的霓虹电管广告，射出火一样的赤光和青磷似的绿焰：Light，Heat，Power！”茅盾大段的叙述，显然是一种铺垫。那个从内地农村来到上海的吴老太爷，面对摩天楼、霓虹灯以及“一切颤动着的飞舞着的乳房像乱箭一般射到他胸前”的景象，由生理刺激到心理刺激，竟眩晕猝死，惊悚而亡。吴老太爷之死是一个现代化的隐喻。古老的农业文明在闪烁不定的霓虹灯光下，终于寿终正寝。它所折射的，是上海这架巨大的近代文明机器，对传统秩序的切割与重组，而在其中起到重要推手作用的，是商业利益。

▲ 1931 年法国巴黎的霓虹招牌

▲ 1933 年正在制作霓虹荧光管招牌的洋人工匠

上海曾流传一首竹枝词：“火树银花灿若何，西商赛会赛灯多。电光环作招牌字，万点明星遍屋罗”，描绘的是租界商市夜景，霓虹灯闪烁流光溢彩，成为夜上海一道耀眼的风景线。上海文化产业中最可大书一笔的是这种霓虹灯广告，当时最具活力的百货公司，为了在更大范围内扩张它们的商业影响，采用了各种各样的广告方式，乃至占据夜的领地，霓虹灯便是突出的代表。1926年，南京路上首次出现“皇家牌打字机”吊灯广告后，先施公司马上跟进，将霓虹店牌悬挂到了公司大楼的顶端。霓虹灯勾起人的欲望，使人迷醉，使人不由自主地倾囊消费。

那时的许多上海人，或许并不具有购置时髦消费品的开支能力，却也将逛百货公司作为日常重要的消遣。上海人一种重要的习俗——荡马路，或许就是在这种背景下养成的，荡马路加上看电影，构成30年代上海时尚生活的一个标识。伴随霓虹灯闪烁的，自然还有形形色色的娱乐空间，如游戏场、跳舞场、回力球场、影戏院、咖啡馆、证券交易所、不断翻新的汽车以及林林总总的现代百货公司大楼……感官刺激是强烈的。霓虹灯的光芒照亮了十里洋场红男绿女纵情声色的人生，将旧上海的情欲生活表现得淋漓尽致。当然，在霓虹闪烁的背后，也有浓重的阴影，那就是栖身于城市阴暗角落里的平民与穷人，真正的上海众生相不在霓虹灯下，而是集中在霓虹灯外的里弄街巷中。

▲ 民国时期，上海紫罗兰理发店夜晚营业，灯火通明

▲ 1899 年南京海关的老师与学生

湖亭突兀宛中央

——文人圈层

中国文人的聚会，自古以来，都称为“雅集”，西方人则称为“沙龙”，16世纪法国宫廷的一种聚会活动，后来延展到巴黎及欧陆名人家的客厅。到18世纪，沙龙达到巅峰，法国大革命后走向衰落。虽然一部分沙龙依然具有往昔的功能，但大部分沙龙女主人成了酒吧老板娘，沙龙成了酒吧等娱乐消费场所。

上海通商之后，西方文化样式之一的沙龙，在中国南北各地的大城市里，也在死水微澜的中国社会搅动起阵阵涟漪，到20世纪30年代，随着社会转型与物质财富的增长，知识分子的学识、才智和眼界也更加丰厚与开阔，新闻出版业的发展，信息的与日俱增，知识分子的聚会选择范围更多了，类似“太太的会客厅”这些将人们圈层在一个狭小的圈子里的状况逐渐有了变化。公平竞争的环境，使得人们不再需要攀龙附凤，依附权贵们的社交圈。知识分子群体日益壮大，更多的人受到良好教育，公众娱乐活动日趋完善丰富，男性间的交流场所逐渐由沙龙向俱乐部转移，更确切地说，就是向着一种更新的“朋友圈”演进。

咖啡馆受到许多上海人的青睐，成为很多人社交聚会的首选场所。就是到21世纪的今天，人们还在喋喋不休地大谈上海的“咖啡传统”，那是题外之言。中国人传统的饮茶习惯，到20世纪30年代被重新赋予了现代内涵，催生了在民国文化精英中盛行的“文艺茶话会”，实际上，那是中国雅集传统与西方沙龙文化的相互妥协。古代文人雅士聚在一起，通过“焚香、点茶、插花、挂画”，即所谓“风雅四艺”、吟诗咏文等艺术形式陶冶情操。这种雅集形式再结合现代的“沙龙”形态，所组成的文化圈子，就是他们进行社交和对话交谈的理想场所。

以文艺为主题的聚集，成为古代中国雅集传统的现代传承。人们时常聚集在茶馆里作诗、画画，讨论历史和时事，遵循着他们的前人在旧时组织雅集的仪式惯例。在具有地标性质的湖心亭茶楼的茶客

▲ 1921 年 3 月，文学研究会成员在上海半淞园合影，左起:沈泽民、郑振铎、沈雁冰、叶绍钧

里，颇多文人雅士，他们常常酬唱应和，吟诗作画，日久天长，湖心亭渐渐成为老城厢内最有雅趣的茶楼。以《海上繁华梦》著称于世的清末民初上海作家“海上漱石生”孙玉声，曾经为湖心亭撰写过脍炙人口的诗句：“湖亭突兀宛中央，云压檐牙水绕廊。春至满阶新涨绿，秋深四壁暮烟苍。窗虚不碍蒹葭补，帘卷时闻荇藻香。待到夜来先得月，俯看倒影入银塘。”江南著名的南社，其集体性就是由传统雅集的变革性仪式所孕育的。

▲ 1923 年 3 月，全国学联评议会在上海召开。图为 5 月 27 日闭幕式合影（后排右二为李硕勋）

▲ 1924 年 5 月 5 日，文人集会庆祝孙中山就任非常大总统三周年纪念活动时合影

▲ 民国时期文人社团聚会合影

所谓清代之前的“三楼”——茶楼、酒楼和青楼，到了民国初年，尽管茶楼内部摆放着精致的茶具，墙面上装饰着典雅的山水人物画，面貌依旧，但作为推动社会发展先锋力量的人的观念已经变化。“文化雅集”也为之一变，逐渐圈层化了。民国时期，居住在上海租界内的文化人，他们是来自全国各地的陌生人，通过茶馆、咖啡馆等文化空间的聚会，原来的陌生人建立起了彼此熟悉的社会网络，形成了一个又一个“朋友圈”。这种圈子，是一种前所未有的现代消费空间，而且受到西方文化理念的影响，与旧式的所谓“三楼”空间，不仅有疏离感，简直就是不可同日而语的变迁。

当咖啡馆、茶馆因其为各类人群提供想象和体验西方现代性的特质而逐渐在上海流行起来时，当时各种各样的“朋友圈”，其所蕴含的社交功能吸引了人们的关注，吸引着文化精英，吸引着倡导无产阶级文艺的左翼文人，当然也吸引了上海中产阶级的迷恋和眷顾，因为它提供了一个可以与朋友进行无拘无束自由交谈的地方，意趣无穷。

咖啡馆文化于18—19世纪在欧洲发展至巅峰，并孕育了一种独特的社交文化。随着与咖啡和茶相关的文化圈子被延伸到大众报刊中，“咖啡”和“茶”成为当时流行文艺思潮中重要的文化符号。所以，民国已经流逝的岁月，不在你的想象里，也不在他人的转述中，而在当时人们日常生活的欢乐与忧烦中，褪去时代的滤镜，且说那些如雷贯耳的大师们，也不过是一群凡人，七情六欲、柴米油盐，缺一不可，活跃在当时各种形式的“朋友圈”里。而所谓“朋友圈”“关系网”，实乃几个主轴核心人物的关系构建。

佳人元不是摩登

——摩登潮流

“摩登”一词，拥有“现代”和“时髦”之意，不少辞书都认为是从英文Modern翻译而来的。20世纪30年代，卓别林的电影《摩登

▲ 20 世纪 30 年代，许多女孩都爱照相馆摆拍“摩登照”，还喜欢拿一本书

▲《良友》是一本摩登画报，女子阅读它本身就是摩登之举

▲ 1889 年《点石斋画报》所载“恰斯送行”图。“恰斯”即 kiss，介绍西人以“接吻”送别习俗

时代》展现的资本主义世界的一番情景与状态，对我国产生了很大的影响，“时髦”逐渐成为摩登的最主要最常用的含义。这也是绝大多数人所使用的含义，故而很多人误以为“摩登”是音译词。其实，远在英文传入我国之前的南宋末年，汉语里就有了这个词。据《人间词话》的作者王国维考证，生活于1190年至1244年的耶律楚材，在他45岁前后写的一首诗里就用了“摩登”这个词。他的《湛然居士文集》卷十中题为《寄冰室散人》的七律写道：“佳人元不是摩登，幻术因循污此生。对雪解吟飞絮句，灭灯能审断弦声。凤楼潇洒闲琼馆，冰室深沉冷玉笙。好访龙溪善知识，传灯何啻总持名。”“摩登”一词起源于佛教，作梵典中的摩登伽解，为一首陀罗种姓（奴隶阶级）的年轻女子摩登伽女之名，在《楞严经》、巴利文经典和大正藏第十四卷的《佛说摩登女经》中均有记载。

19世纪末的上海，中国人还没有出现“设计”这个明确概念时，当时英国“工艺美术”运动，在拉斯金、莫里斯的理论指导和实践倡导下，提出美术与技术相结合的原则，开展改良设计的实践和探索，在20世纪初的欧洲和美国掀起轰轰烈烈的新艺术运动。这个运动，当时的国人就称之为“摩登艺术”，它漂洋过海来到中国，在上海首先掀起了一阵又一阵的“摩登”浪潮，民国时期的上海“摩登”主要体现在现代生活方式、市场促进下的民族工商业与设计、新人文主义影响下的商业美学、新媒介技术以及商业美术教育。当时上海的平面设计、建筑设计、工业设计等领域都有表现，很多新的制造材料也逐渐被引入。借助于西方新式文明的出现和繁荣的商业氛围，人们对待洋场时尚的态度正孕育了早期现代设计的态度。

作为一个继往开来的历史时期，上海的“摩登艺术”首先在室内设计的艺术风格上体现出来，这就是施行一种典型的折中主义精神：当时的设计师们借助西方的材料、技术与装饰手法，对东方传统建筑空间做出改进与调整，设计师不会照单全收，他们要保持传统中式端庄典雅的特点，成为一种艺术之本，同时也融入不少西方时尚新潮的风格，这种独特的美学和审美体系博得了现代人的青睐，其理论与实践意义也逐渐凸显。

自晚清提倡“中学为体，西学为用”开始，这种观念就在“器与技”“物与技”以及“技与道”的想象中逐步实现。在向西方的学习中，各种诸如火车、汽车、自行车、缝纫机、留声机以及游艺场、咖啡馆、百货公司、跳舞场、报馆、广播台、电影院等西方物质与文化休闲场所。渐次出现在上海。中国人学习这种制造与生产方法，又不断加以改进甚而创新。当西洋家具和各种生活用品纷纷进入上海，上海中产阶级以上的人士迅速接受并认同了这些代表着西方文明的新事物，并自觉或不自觉地担

▲ 胡蝶是“上海摩登”的代表人物。20 世纪 30 年代她身着短袖衬衫、工装裤、脚踩长靴坐在老爷车前，妩媚中透着自信

▲ 1940 年上海摩登女孩采用非常现代的个人交通工具——永久牌自行车

当起了守护传统西方艺术观念的使命。对欧美日等工业国家日用、生产、制造器物的仿造与接受，不仅意味着上海设计在行为层面的转型，也代表着在设计思维或观念层面的转变，这种转变直接或间接影响了20世纪30年代中国民族工业发展及审美意识的变革。

我国古代典籍《考工记》说："天有时，地有气，材有美，工有巧，合此四者然后可以为良。"这种倡导师承自然的美学观念流传了下来，并与城市文化相结合，在上海地区产生了提倡传统、重视中国特色的设计观念，在传统因素与外来文化的多重融合下，上海催生出了丰富多彩的家具产业，据《上海二轻工业志》记述：20世纪30年代在上海经营沙发的店户就达100多家；1936年上海铁床厂家达50多家；1946年上海已有355家木质家具店，其中中式风格260家，西式木质家具店达到了95家。

我们回望对“摩登”这个词的认知，且不说古代的含义，如果体现在现代艺术设计中，摩登风格，就是“都市”“优雅”“新潮”等有明确“形色质”限定的风格属性，倘若用现在的流行语表达，摩登的特质就是符合现代社会发展潮流的一种突出自我、独特而又尖端的品牌设计风格。

一夫振臂万夫雄

——学堂乐歌

《礼记》，作为中华传统国学经典，以“礼”统领整个教育过程，注重个体生命的德性培育、习惯养成、全面发展与人格塑造，如记载孩子何时学乐：“十有三年，学乐，诵诗，舞《勺》。成童，舞《象》，学射、御。”就是说小孩子 13 岁开始学音乐，一直学到 20 岁行冠礼为止。古人13岁开始学乐，今天的儿童接受音乐教育，显然是比那会儿要

▲ 晚清以来，在教会学校、新式学堂中广为传唱的校园歌曲

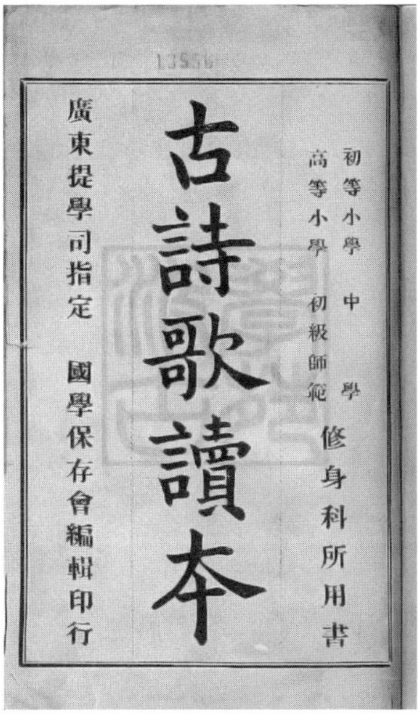

▲ 1909 年黄节《古诗歌读本》封面

▲ 清末音乐教育家沈心工

早得多。

清末无论是资产阶级改良派，还是资产阶级革命派，文人学者都很注重音乐教育，他们发表文章也创作许多乐歌，积极提倡在学校设乐歌课，以重构中国传统学问知识体系在基础教育课程中的地位，以中国之优秀传统文化滋养人民，传承中华民族的根和魂，践行“天行健，君子以自强不息”的中华精神。清廷采纳接受了洋务派的主张，倡导“西学”，开设新式学堂。1904年清政府在原“壬寅学制”的基础上重新修订，颁布“癸卯学制”，各级学堂章程里，都提到了在学校中设置音乐课。在此之前，在中国境内教会学校开设音乐课的示范作用和先进知识分子的积极鼓吹下，各地中小学已悄然兴起了以“学堂乐歌”为内容的音乐课教学。学堂乐歌是中国近现代专业音乐的开端。

最初学堂乐歌一般都利用外国曲调填入新词，且一般采用集体唱歌即合唱的形式。学堂乐歌基本上是选曲填词，其曲调大部分来自日本和欧美，由中国人以中文重新填词。曲调选用我国民间曲调的乐歌并不多，由作曲者自作曲调的乐歌则更少。随着西洋近代音乐文化逐渐传入中国，包括各种歌曲及其演唱形式，钢琴、风琴等乐器的弹

▲ 李叔同（弘一法师）卓越的艺术造诣，为世人留下诸多音乐财富

奏，新的记谱法——五线谱和简谱，西洋音乐的基本乐理和理论知识等，为我国的学堂乐歌注入了新鲜的血液。这期间，出现了一批积极从事乐歌编配、创作并致力于发展我国普通音乐教育的音乐家，其中贡献最大的是沈心工、李叔同。

中国第一首学堂乐歌《男儿第一志气高》，诞生于1903年的上海，由沈心工依据日本歌曲填词："男儿第一志气高，年纪不妨小，哥哥弟弟手相招，来做兵队操。兵官拿着指挥刀，小兵放枪炮。龙旗一面飘飘，铜鼓咚咚咚敲。一操再操日日操，操到身体好。将来打仗立功劳，男儿志气高。”李叔同作词的《送别》是学堂乐歌的代表作品之一。《送别》的歌词哀婉动人，充满情感：“长亭外，古道边，芳草碧连天。晚风拂柳笛声残，夕阳山外山。天之涯，地之角，知交半零落。一瓢浊酒尽余欢，今宵别梦寒。”作曲者原本是美国通俗歌曲作者约翰·庞德·奥特威，歌曲的名字叫《梦见家和母亲》（Dreaming of Home and Mother）。

由石更作词、辛汉作曲的《中国男儿》，歌词大气磅礴，很有气势：“中国男儿，中国男儿，要将只手撑天空。睡狮千年，睡狮千年，一夫振臂万夫雄。长江大河，亚洲之东，峨峨昆仑，翼翼长城，天府之国，取多用宏，黄帝之胄神明种。风虎云龙，万国来同，天之骄子吾纵横。中国男儿，中国男儿，要将只手撑天空。睡狮千年，睡狮千年，一夫振臂万夫雄。我有宝刀，慷慨从戎，击楫中流，泱泱大风，决胜疆场，气贯长虹，古今多少奇丈夫，碎首黄尘，燕然勒功，至今热血犹殷红。”当时上海学堂的数量在全国最多，校园里经常能听到关于留日学生的消息，陈天华的蹈海赴死，邹容的《革命军中马前卒》，秋瑾的慷慨就义，一些激进的出版物要推翻清朝统治的革命思想在中国传播。可以说，《中国男儿》等学堂乐歌是唱响复兴中华百年梦想的重要声音。

▲ 音乐教育家、乐律学家，中国民族音乐学的奠基者杨荫浏

自晚清以来，在教会学校、新式学堂中广为传唱的学堂乐歌，是那个特殊年代的“校园民谣”，音乐家把“富国强兵”“抵御外强欺凌”等进步思想都融入歌曲中，如1910年成立的中国精武体操会（后改名精武体育会），其会歌显然就受到学堂乐歌的影响：“国不强兮被毁灭，人不强兮难自立！振我精神，锻我筋骨，充我智能，坚我魄力。百炼此身如钢铁，任何威武不能屈！……卫黄魂！尽天职！”学堂乐歌不仅对当时社会改革发挥了一定的宣传教育作用，而且对于我国近代音乐文化的发展也产生了深远的影响。它的出现给近代音乐史的发展注入了新鲜的血液，是中国近代民主主义音乐文化的重要开端。

文博拓荒担铁肩

——博物展陈

从人类历史上看，现代博物馆从诞生到现在已有近400年的历史，17 世纪欧洲文艺复兴后，随着现代民族国家的兴起和市民公共文化的发达，常有富裕的私人藏家把自己的藏品出售或捐献给国家或某公立机构的现象。这些博物馆往往脱胎于此前的收藏，可以看作欧洲“启蒙时代”的产物。当时人们更看重理性而非传统，更多采用系统和科学方法来理解人类与自然。当时的“开明”君主开始把博物馆看作开启民智、促进艺术、激励公民意识的手段。尽管君主们仍然拥有并掌控着自己的收藏，但也越来越多地将其向公众开放。对于中国而言，博物馆的概念，也是一个舶来品，是晚清以来中国向西方和日本学习借鉴的结果。

1905年，张謇筹建南通博物苑，这是中国第一座博物馆。张謇，清末状元，更是一个实业家、教育家，倡导实业救国、教育救国，热衷办厂、办校。1905年，他上书要求清政府建立博览馆，未被采纳，于是在家乡南通筹建南通博物苑。他购民房，迁荒冢，征集文物2 900余件，先后建起北馆、中馆、南馆和园圃，形成了一座综合性的博物馆。当时的南通博物苑分为自然、历史、美术3部分，后又增加了教育部分。除展出文物外，还展出动物、植物、矿物、金石拓片、化石等。1938年，日军侵占南通，博物苑成为日军的马厩。

面对方兴未艾的西方博物馆建设事业，民国知识分子瞠乎其后，普遍认为中国博物馆的发展滞后“影响所及，不论民众教育，民族文化，都蒙莫大的损失”。在教育救国的思潮下，通过“一国富源、民情、风俗”等器物展陈，博物馆可以潜移默化地引导和培养参观者萌

▲ 1897 年比利时布鲁塞尔世博会中国馆建筑全景

▲ 1906 年 5 月 16—26 日，“伟大的传教士展览”在英国西南部城市布里斯托尔的科尔斯顿大厅举行。这张照片显示了“中国”摊位

▲ 20 世纪 30 年代建成的上海市博物馆。1937 年 1 月 11 日正式开放，八一三淞沪会战时被日军炸毁

生“爱国家”“爱民族”与“保种族”的观念。对于中国这个国民总体识字率仅20%的国家而言，博物馆的上述功能无疑是非文字化教育的绝佳手段。由此，民族文物展陈以“民情”“风俗”为核心，率先在国人筹设的综合性博物馆内向公众开放。博物展陈，集中反映出民国知识分子“即器以求道”，积极向民众传播中华民族知识，成为

推进中华民族意识自觉的践行者。

20世纪初，与博物馆相伴生的西方民族学、民俗学知识传入中国，西方民族学、人类学、民俗学博物馆也随之引入。蔡元培游学德、法，深受其民族学、人类学影响，是最早向国内引介并尝试筹设民族学、人类学博物馆的知识分子。20世纪20年代后期，北方政局纷扰，顾颉刚、董作宾、钟敬文、容肇祖等知识分子南下广东，并将“风俗调查会”迁往中山大学，设立风俗物品陈列室。1929年1月至3月，风俗物品陈列室曾向普通民众开放，并于同年5月应西湖博览会之邀，选送风俗物品300余件参加展出。容肇祖在一篇介绍性的文章中谈道，风俗调查会的成员希望透过风俗器物的收集与陈列，令参观者“觇民族文化程度之高下”。1936年上海博物馆陈端志在《博物馆学通论》中认为：“博物馆乃保存最足以说明自然的现象，及人类的业绩等物品，利用之以为民众知识的向上，及文化事业的发展之一种设施。”指出博物馆首先要保存与自然和人类相关的物品，博物馆的目的在于推进民众知识和发展文化事业。

浦东《新场竹枝词》，系新场镇老人王伟民先生和《石笋诗稿》七绝100首，其中第79首竹枝词云：“出生入死补尧天，文博拓荒担铁肩。又力扶轮传慧业，乡人常赞仰高山。”这首

▲ 1937 年 8 月 13 日上海市博物馆内景，后遭日军狂轰滥炸

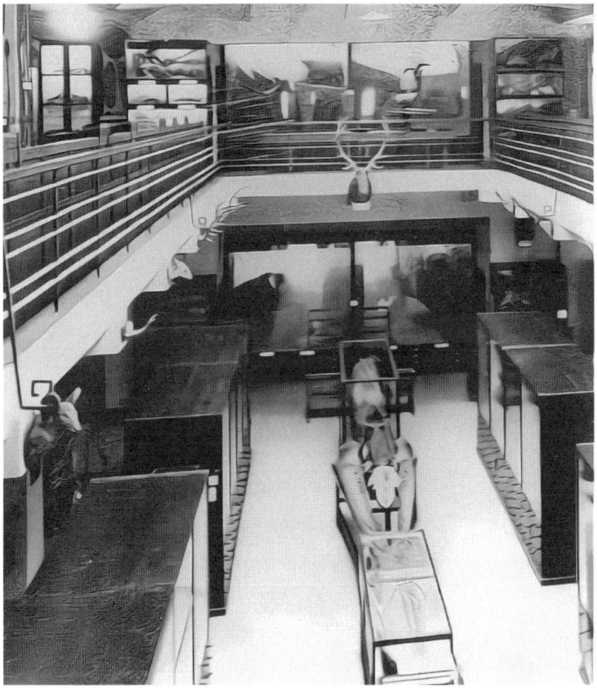

▲ 1937 年上海市博物馆展厅

竹枝词讴歌了生于南汇大团镇，曾为新场信隆典当学徒的吴仲超先生。吴氏生于1902年，1927年入大学深造。后参加抗日战争、解放战争。新中国成立后，曾任文化部部长助理、故宫博物院院长，培养和造就了一大批文博人才。诗中说吴仲超不仅是博物展陈的专家，而且力推“扶轮”，有扶翼车轮，在侧拥进之意。“文博拓荒担铁肩”一句，道出了知识分子借助民族文物展陈，谋求中华民族复兴、塑造中华民族认同感的精进努力。

第四章

报业出版与新闻通信业

19世纪末维新运动席卷神州，康有为、梁启超等人主办的《中外纪闻》《时务报》打破了外国报刊在华的垄断地位。进入20世纪，舆论的交接棒转移到了资产阶级革命派手中。清末至民国时期，报业出版与新闻通信业经历了巨大变革，呈现出蓬勃发展又复杂多变的形势。建立民主共和制国家。革命派将办报与革命紧密联系，他们办的报纸，既是重要的舆论阵地，又是革命党人策划、组织、联系武装起义的重要据点。资产阶级革命派的报人，更注意汲取西方新闻学说中反封建的民主主义内涵。

民国时期，各种报刊风起云涌，呈现出前所未有的繁荣景象。据统计，武昌起义后的半年时间里，全国的报纸由十年前的100多种，猛增至近500种，总销售数量达4 200万份，这两个数字都突破了历史的最高纪录。商业报刊发展迅速，如《申报》《新闻报》等，在内容上更加注重新闻报道的时效性和多样性，同时也通过广告等盈利，逐渐走向市场化。上海报界获得相对稳定的环境，几家商业报纸完成向企业化大报发展，成为中国资本最雄厚、销量最大、影响最广的民营报纸。

为了加强新闻报道，一些较有影响力的通讯社开始出现，如新闻编译社，国闻通讯社，这些通讯社在各大城市和省会城市设立分社或通讯员办事处，基本上建立了覆盖全国的通讯网，垄断了国内新闻来源。

在民国文化史上，出版业的发展，呈现了不同范畴的多元态势与不同组合。此外，江浙地区的地方精英，开始逐步建立讲求“公共性”的新式藏书机构，到民国时期各种公共图书馆先后建立。伴随新式出版业的发展，图书馆、书店与书摊，成为现代城市中书籍存放与销售流通的主要场所。

1923年1月23日，中国第一家广播电台——中国无线电公司广播电台诞生了。此后，广播作为那个时代的新媒体宠儿，受到国人的关注，各种类型的广播电台纷纷设立。当广播成为一种喜闻乐见的宣传手段的时候，或多或少推动了当时中国社会的发展进程。

▲ 1920 年上海汉口路新闻报馆门口忙碌的送报车

一纸风行四海闻

——报馆林立

清光绪十九年（1893）2月18日元旦，上海街头传来报童的叫卖声：“快看新出版的《新闻报》，每份只卖七文钱！”众多市民看到这份新报纸，不仅远比十文一份的《申报》便宜，甚至比《字林沪报》还要便宜一文，都乐意购阅。1873年在汉口出版的《昭文新报》开创了国人办报之始，由王韬在香港创办的《循环日报》又是早期国人办报最富有代表性的。随着维新运动的到来，中国人办报形成空前高潮，影响尤著者如《中外纪闻》《强学报》《时务报》等都继承了《循环日报》以“宣言”为宗旨的政论报的特色；此等特色后来又几乎毫无例外地为立宪派、革命党乃至民国建立之后所有党派政团的办报活动所保留，报纸成为宣传政纲的喉舌和开展政治斗争的工具。

在此历史条件下，乃有近代中国新闻广播事业的产生和发展。值得一提的是《新闻报》，20世纪20年代，人们经常会脱口而出“申

▲ 19 世纪末的上海申报馆

新两报”或“新申两报”。从发行量来看，1890年之前中国销量最多的报纸为《申报》，据上海老报人徐铸成所撰《报海旧闻》所记，1900年之后《新闻报》“销数一直凌驾于《申报》之上，成为旧中国发行量最广的大型报纸”。

民国时期的小报，是市民通俗文化的传播者和实践者，为减少报纸的政治内容，又有许多以开本较小而被统称为“小报”的纯消遣性报纸风行一时，销路之畅足可与大报抗衡。各类报刊的阅读逐渐成为民众生活中不可或缺的内容。清末一首名为《报馆》的竹枝词写道：“是非曲直报中分，一纸风行四海闻。振聩发聋权力大，万般提创总由君。”说明报纸的社会功能已被社会公众所广为接受。

▲ 20 世纪 20 年代上海时报馆

▲ 早期新闻报馆马路两侧报馆鳞次栉比，报贩吆喝声此起彼伏

▲ 1932 年上海时兆报馆员工正在将报纸装箱发往香港

▲ 晚清卖报的报贩活跃在车站码头，销路不错

民气如云掌若雷
——报贩群体

说到清末民国上海的新闻报纸业，就不能不提到老上海的望平街，这条毗邻福州路的碎石小街，是一条小马路，南起福州路，北到南京东路，长306米，宽约10米，如今是山东中路的一段，于19世纪50年代后期辟筑，1865年铺设碎石路面，命名为山东路，又名望平街，是19世纪上海报业的发源地。

清末上海新闻报纸业迅速发展。1872年4月30日，英商美查等人在望平街汉口路口创办《申报》，这是中国历史最悠久、影响最大的一份综合性中文报纸。由于这里地处英租界，具有政治荫庇作用，加上英国的印刷技术和印刷机械又最早在这一带推广普及，因而望平街成了当时上海报人开办报馆的首选地。1893年2月，美商丹福士在汉口路望平街东创设《新闻报》，与申报馆衡宇相望。1899年，中国人汪康年等创办的《中外日报》迁至望平街近福州路处。1904年，狄楚青在福州路望平街口创办《时报》，成为维新变法后改良派在国内创办的第一份报纸。由于该报在评论、编辑、出版等方面大胆革新，“时评专栏”时效快速，言词尖锐，直击人心，时效性是时评的一个根本性特点，大多优秀时评都是在新闻发布后，一两个小时内就见诸媒体。用今天的话来说，圈粉无数，《时报》很快成为发行范围覆盖全国的报纸。

当时上海有影响的报纸还有，于右任主办的《神州日报》和《民立报》，张竹平的《时事新报》，章太炎主笔的《大共和日报》和《苏报》，戴季陶经理的《民权报》，邵力子主办的《民国日报》，梁启超的《时务报》，蔡元培的《警钟日报》和《国民日报》等。与报馆相关的，是众多的印书馆、书局和发行所。望平街两侧报馆鳞次

▲ 1916 年上海望平街一带的报馆多达 50 余家，名副其实“报馆街”

▲ 1925 年，苏格兰公司一位成员在上海街头报摊上看报

▲ 1947 年 3 月，上海街头一个卖报纸的女人疲倦地靠在墙上

▲ 20 世纪 40 年代，上海报贩在街头出售英文出版物

栉比，还有数十家报馆或批销处，报贩子的吆喝声此起彼伏，当然，还有无处不在的声色犬马和人间烟火……望平街，一个深藏在都市繁华之中的独特角落，近代中国的新闻报刊让望平街成为一个历史的聚焦点，报纸的社会功能已经被认知，众多的报人、编辑、发行人员集聚望平街，并从这里走向全国走向世界。

近人叶仲钧《上海鳞爪竹枝词》在描述辛亥革命前后上海报馆时写道："集中消息望平街，报馆东西栉比排。近有几家营别业，迁从他处另悬牌。"还有一首竹枝词描写的望平街也很有时代色彩："望平街口日徘徊，民气如云掌若雷。踵接肩摩灯火星，一齐仰盼捷书来。"《申报》创刊后，在利用邮局、书局、会馆等发行渠道的同时，主要利用报贩挨家挨户上门送报，逐渐形成了一个强大的报贩群体。后来创办的《新闻报》《时报》等也都采用这一模式。

1926年，民国著名报人张季鸾曾经说过一句名言："报馆权威操诸报馆者固半，操诸报贩之手者亦半。"著名新闻记者曹聚仁也说，报贩"操各报生死之大权"。在近代中国报业系统中，报贩是一支不容小觑的力量。报贩是附着于报业生存的最为庞大的职业群体，他们是报馆与读者之间连接的纽带，是富有组织性和行动力的职业社群，更是令报馆畏惧的“特殊势力”。

报贩群体是“持卖报为生活者”，亦即专以贩卖报纸为生的社会职业群体。关于报贩形成的渊源，有学者认为始于明清交替时的“报夫”或“报差”。中国近代报业发轫之初，报馆多不负责发行业务，商业报馆除“直接定户”外，报纸发售主要依赖报贩。这种形式是“报贩按照批发价钱向报馆批购”，随后按照一定的区域路线，或街头叫卖或摆摊零售，从中赚取差价。除街头零售外，报贩还承揽“家庭订报”业务并负责“每日递送”“月底自己收账”，盈亏“与报馆全不相干”。报贩承揽报纸发行，是自晚清以来中国报纸发行的主要模式，报贩也因此成为近代商业报馆与读者之间难以逾越的中间环节。

1911年，报贩在望平街成立了自己的行会组织——捷音公所。当时有人这样描述望平街的盛况：每天清早，报贩云集望平街，成捆的报纸从各报馆运出，有的车拉，有的肩扛，还有很多报童手提，将报纸发往上海和全国各地。一旦出现重大新闻，贩运报纸的人更是把整条望平街挤得水泄不通，煞是热闹。老上海报业有力推动了历史和社会进步。

销路争夺最出群

——石版印刷

当历史进入19世纪，中国新闻业传统的通信手段愈发显得陈旧落后，无从适应社会经济结构、政治制度和文化生活已发生的剧烈变化。

明清以来的书坊，形成了官刻本、家刻本和坊刻本并举的三大系统，家刻本因其多年家声积累，校刻多为精良；坊刻本就难说了，因坊刻的目的只在于盈利，故其刻书希望“易成而速售”，质量是否能保证要具体分析。但无论是哪一种刻本，对保存与发展文化和普及教

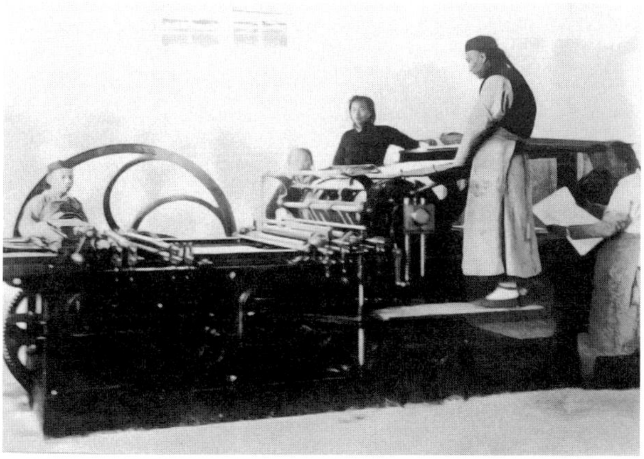

▲ 晚清上海徐家汇土山湾彩色石版印刷术为中国近代出版业先驱

▲ 清末上海的印书铺子，排版工人正对照书稿排字

育，都有一种积极作用，善莫大焉。然清道光以后，由于国势日衰，民生凋敝，无论版刻技术还是套版印刷都渐趋衰落，令人称道的佳作甚少。

晚清三十年（1880—1910），传统的木版雕印已渐趋没落，颓势尽显，中国从西方引进的铅活字印刷则还处于起步阶段，晚清石印术堪称在此过渡期间熠熠生辉的一抹亮色，维新变法、图强救国的时代之声，正是从一架架石印机生产的印刷品中走向了千家万户。所谓石印术，是指在石板上印刷的技术，由德籍捷克人阿罗斯·塞纳菲尔德于1796年发明。这项技术在特殊石板上直接书写图文，再通过化学腐蚀制版，印刷成书，解决了不规则图形和特殊符号的印刷难题，操作简便，省时省钱，大大提高了效率。19世纪30年代以后，最初一些外国传教士在南洋诸地办所印刷，其中就有部分是石印或铅印、石印混合印刷物，在当时影响很大。

麦都思于1843年到达上海，当年就开办墨海书馆开始出书。采用石版印刷术印刷了《耶稣降世传》《马太传福音注》等书，为上海石版印刷之先驱。目前发现最早在徐家汇出版的石印实物出版于1855年，是这年徐汇公学出版使用的一本法文教材。土山湾印刷发行的石印出版物时间早、数量大、范围广，绵延数十年，品种千百计，影响遍及沪上同业，事实上成为上海石印业的始作俑者。

西方进入中国的石印，准确地说叫石版印刷，是以石板为版材，将图文直接用脂肪性物质书写、描绘在石板之上，或通过照相、转写纸、转写墨等方法，将图文间接转印于石版之上进行印刷的工艺技术。其中，前者称作“绘石”，后者称作“落石”。《点石斋画报》是近代中国最早、影响最大的一份新闻画报，由英国商人美查创办于1884年5月8日，由吴友如担任主编，近20位画师共同绘制。画报为旬刊，每册八页九图，以图文并茂的形式“选择新闻中可嘉可惊之事，绘制成图，并附事略”，内容大致可分为时事、新知、奇闻、果报等，生动形象地反映了晚清西学东渐背景下的中国社会环境全貌和西方奇闻趣事。因由点石斋石印书局印刷，故得名为《点石斋画报》。执掌土山湾印书馆约20年的翁寿祺修士的主要助手是中国人邱子昂，邱氏向点石斋传授石印技术，从1880年至1910年，仅上海一地发行过石印书刊的出版机构就不下200家，其中不乏同文书局、蜚英馆、扫叶山房等大型企业，造就了石印业的黄金30年。

▲ 1912 年秋上海中华书局印刷所成立，图为印刷所外景

▲ 20 世纪 30 年代，中华书局印刷总厂石印部石印课工作情形

1839年，摄影术发明并推广后，很快就应用到了石印业，使原先只能按原大尺寸印刷的石印如虎添翼。石印术缩印成书的优势，在当时堪称“一招鲜吃遍天下”，众多石印企业将此优势发挥到极致，几乎将中国有传统代表性的古籍《金石萃编》《帝鉴图说》《御制耕织图》等全轮印了一番，直接降低了书价，普及了文化。当时有竹枝词云：“各家画报售纷纷，销路争夸最

▲ 1927 年上海一家商业类型的印刷厂，工人们在刻写用来彩印的石版

出群。纵是花丛不识字，亦持一纸说新闻。”

到了20世纪，随着更为完善的铅印出现，石印业式微，逐渐退出印刷业主流市场。石印技术快速崛起又迅速衰落的几十年，也正值上海乃至全国风云变幻的数十载岁月。朴实无华的石印技艺，被认为是那段历史过渡时期中最有印刷效率的亮点，民生喜乐的社会图景，科教齐放的人文风采，维新图强的时代之声，都由一架架石印机定格在历史之中。石印技术曾一度取代古老的雕版印刷而占据主导地位，但20世纪30年代以后，石印的地位逐步被更为完善的铅印所取代。

▲ 清末京师大学堂译书馆监督朱启钤（前排左四）在上海译学馆与中外学者研讨后合影

扶助教育为己任

——译书频出

与近代机器文明相匹配的出版业，经历了清末的变革，到民国初年才真正地成型与成熟，图书内容、生产以及物质形态，出现了质的飞跃，可以说民国出版业承前启后，成为开启后世出版业的一股清流和源头。1897年在上海创办的商务印书馆，是近代中国人创办的第一个也是规模最大的文化出版机构。它编辑出版多种中小学教科书、字典和大批文化学术著作，促进了文化教育事业的发展。

辛亥革命前夕，上海有116家书店，辛亥革命发生的第二年新开业的就有中华书局、尚古山房、中华图书馆等35家。中华书局是辛亥革命后的产物，书局开业后，提出“教科书革命”和“完全华商自办”的口号，与商务印书馆竞争。中华书局地址先在福州路，后在东百老汇路（今大名路）、静安寺路（今南京西路）、澳门路，以新国旗图案的《中华教科书》抢占教科书市场。20世纪上半叶，商务印书馆与中华书局并世而立，是中国近代以来最重要的两家出版社。就创立时间延续之长，出版市场占有份额之大，社会影响之巨来看，当

▲ 民国时期中华书局上海澳门路总厂

▲ 民国时期中华书局编辑部工作场景

时的中国出版界没有第三家出版社可与商务、中华相提并论，这两家出版社数以千万计的出版物，影响了近世社会的阅读风尚，灌溉了中国近代的文化园地。

商务印书馆和中华书局，堪称是中国近现代出版业的双子座，两家出版机构的产生，都是时代的产物。商务产生于维新变法前一年，中华成立于辛亥革命后一年，某种意义上也可以说，一个是维新思潮的产物，一个是辛亥革命的产物，它们折射了不同的时代意义。商务的主要代表人张元济是维新变法的边缘参与者，因变法失利而南下与主持商务的夏瑞芳结识并结合；中华的代表人物陆费逵是辛亥革命的非主要参与者，青年时代就接受了维新思想和革命思想，参加革命团体日知会，从事革命活动，他预料到革命将要发生，并成功创立了以发行适应民国需要的教科书为主营业务的中华书局。

书局由中国近代一批文化人主持的一个安身立命的企业，也是一种安心立命的事业，张元济的“扶助教育为己任，故向书林努力来”的矢志，陆费逵的“我们书业虽然是较小的行业，但是与国家社会的关系，却比任何行业大些”的自我体认，有异曲同工之妙，其核心精神是“教育救国”“出版救国”，为新知识分子安身立命的那一代出版人的一种新传统。商务人和中华人成为20世纪上半叶中国近代出版人的代表，成为社会文化思潮的有力推动者。就其对于近代中国文化走向的贡献而言，商务与中华是任何其他的业态所难以匹敌的。

1915年9月15日，陈独秀在上海创刊《新青年》，原名《青年杂志》。《新青年》高举赛先生（科学）和德先生（民主）的旗帜，提倡新文化，激烈抨击孔教为中心的旧文化、旧道德，出版马克思主义研究专号，提倡文学革命，率先采用白话文和新式标点符号，发表鲁迅的《狂人日记》等不朽作品。在《新青年》带动之下，涌现了一批新文化、新思潮的期刊，有400种之多。同时，推动了老杂志的改组和进步，如商务印书馆对《东方杂志》《小说月报》《学生杂志》《妇女杂志》等加以改组，改用白话文，革新了内容。五四以后，还

▲ 1937 年报馆印刷车间的刻字工人

▲ 1911 年福州路上有各类书馆、书店等 68 家，1937 年达到了 300 多家。图中塔楼挂着大东书局的招牌

涌现出新青年社、人民出版社、上海书店、长江书店、华兴书局等一批具有进步倾向的图书出版与营销机构，又是许多红色出版物及相关文献保存最多的资源富矿，从党的创建到革命胜利，上海进步出版机构是数量最多、出版人最多、成果最多的红色出版高地。

20世纪20年代，一批文化人和出版商创立大东书局、世界书局、良友图书印刷公司、光华书局、创造社出版部、开明书店、现代书局、新月书店、春野书店、大江书铺、昆仑书店、朝花社、南强书局等50多家中小书店，原来在北京出版鲁迅译著的北新书局总店于1927年也迁来上海。商务、中华、世界大书店竞相出版教科书、专科辞典和大部头古籍。时人撰上海竹枝词写道：“译书新出已频仍，标目争先日报登。惹得嗜奇人竞买，每多暗合异名称。”吸引那些好奇心强的人争着去购买，其中大多数的书名为了引人关注取得还都非常与众不同。

▲ 1847 年建立的徐家汇天主堂藏书楼，1905 年定名为徐家汇藏书楼

半备消闲半学堂

——图书馆舍

明清之际，江南的私人藏书特别宏富，那个时期没有“图书馆”这样的称说，一般民间藏书的所在，都有“××楼”“××阁”的雅称，如建于明朝中期浙江宁波天一阁，被誉为“江南现存历史最久、最著名的藏书楼”，天一阁内收藏了大量的古籍文献和历史文物；再如建于清朝乾隆时期的江苏扬州大观堂旁的文汇阁，江苏镇江金山寺

内的文宗阁，也都是清代重要的藏书楼，是清代扬州文化繁荣的见证之一；建于清朝乾隆时期的江苏常熟古里镇铁琴铜剑楼是清代四大私家藏书楼之一；位于浙江湖州南浔镇鹧鸪溪旁的嘉业堂藏书楼，1920年所建，是中国近代著名的私家藏书楼之一，规模宏大，藏书丰富。因此，“藏书楼”就成了古代各类文献收藏的统称，习以成俗，直到近代出现的一些很具现代大型图书馆功能的，中国人也喜欢用“藏书楼”命名，比如京师大学堂藏书楼、古越藏书楼、皖省藏书楼等。

伴随着文艺复兴、宗教改革和启蒙运动，欧洲的图书馆也是在纸和印刷术的推动下兴起的，谷登堡发明印刷术之后，书籍开始大量生产，掀起一股世界性的图书馆风潮。公共性，是现代图书馆的最大特征，它不仅保持了传统图书馆的储存功能，更加偏重知识的传播。面向大众的公共图书馆以阅读为中心功能，从而跳出了专制时代的知识特权与垄断，实现了书籍和知识的社会化和民主化。

在我国，开始有现代意义的图书馆，约在清光绪年间，正式公文上出现“图书馆”这一名词，则是在宣统元年（1909）。从此以后，藏书以备公众阅览的处所，都称为图书馆，或缩写为“圕”。1896年9月在梁启超主编的《时务报》上，首次出现了“图书馆”一词。但这一新词，似乎并没有马上为国人所接受，人们还是沿袭旧时

▲ 1913 年 3 月 25 日，正式开馆的浙江图书馆孤山馆舍，左侧为红楼

代“藏书楼”的称呼，直到进入20世纪起，使用图书馆一词的文献和机构才开始多了起来。1903年，“图书馆”一词，首次为官方文书所正式采用，《奏定大学堂章程》中提道：“大学堂当附属图书馆一所，广罗中外古今图书，以资考证”，并规定其主管人为“图书馆经理官”。第一个采用图书馆名称的正式官方藏书机构是京师大学堂图书馆。原藏书楼的主管人“提调”也改称“图书馆经理官”，从而成为第一个正式官方的图书馆。1904年，湖南图书馆、湖北图书馆和福建图书馆相继成立，图书馆的名称才开始在社会上通行，其后各地出现的各种新型藏书处所多数都称之为图书馆。

▲ 1917年，5位女大学生坐在南京金陵大学的图书馆内看书学习

▲ 1932年上海精武映雪楼图书馆内景

光绪三十一年（1905），清政府派端方、戴鸿慈等五位大臣去日本与欧美考察宪政。五大臣发现国外名都名城都设有官方公共藏书机构，民众教育普及。他们对西方公共图书馆极为称赞，认为图书馆在启迪民智方面发挥了巨大的作用，要求清政府下谕，由学部主持，在各省设立图书馆，以便在精神文化、民风民俗方面向欧美先进国家靠拢。这是中国官方仿照西方普及公共文化设施的起点。

奏折递上之后立即受到清廷的批准，指示学部去办理。学部接连不断地向各地发文，催促“迅速筹设图书馆，以稗教育二开民智”。于是，京师图书馆的创建就在计划当中了。1909年学部上奏，请求设立国家级图书馆。9月9日清政府批准兴建京师图书馆，四品翰林院编修缪荃孙为首任监督，馆舍设在北京什刹海后海北岸广化寺。随

▲ 1937 年 7 月，江苏省立国学图书馆全体同仁合影

后，清政府又颁发了《京师图书馆及各省图书馆通行章程》，这样才使得图书馆的名称在我国最后确立了下来。

当中国第一个国家图书馆正式开馆时，晚清王朝也走到了尽头，中国和图书馆一起进入了现代。其后除少数旧时代文人附庸风雅继续沿袭“藏书楼”称呼外，各地出现的供公众阅览的新型藏书机构，多数都称之为图书馆。当时有一首上海竹枝词说道：“纵观南北各书坊，半备消闲半学堂。旧日诗文今尽弃，趋时新置教科忙。”说的是南北各地有了图书馆，图书的种类基本上一半是教育（教科书）类的、一半是消闲（小说之类）。为了抓住时机，迎合大众对新知识的需求，许多图书馆和书店都在为购买更多的教科类图书而忙碌。图书馆是社会教育机构，与民众最接近，在介绍学术、开启民智方面有得天独厚的优势。

▲ 20 世纪 20 年代，上海的连环画书摊与看小人书的孩子

▲ 20 世纪 30 年代，上海的孩子们在街头书摊看连环画书

连环图画这名目

——小人书摊

民国初期，各种单本石印画刊纷纷涌现，《点石斋画报》和《大共和星期画报》等，都有许多看图知事，既好看又通俗，很受读者欢迎，堪称是连环画的雏形。用多幅画面连续叙述一个故事或事件发展过程的绘画形式，就叫“连环画”，这种艺术形式兴起于20世纪初的上海，它取材于古典文学作品或传奇故事，先要编成简明的文字脚本，再由画家绘制小型画幅而成，因其主要的读者受众是少年儿童，所以又称“小人书”。方寸之间，吟唱出人世间的真善美，巴掌之间，为成长中的心灵打开了一扇扇窗户。那个年代，小人书对于很多孩子的诱惑远远大于糖果、玩具等，它是一种无形的“精神食粮”。

1925年至1927年间，上海世界书局发现了连环画市场巨大的商机，率先推出了我国真正意义上的第一套连环画册，并在书内印有“连环图画是世界书局所首创”的文字。这套连环画共有5部，全部取材于中国古典名著，分别是《连环图画水浒》《连环图画西游记》《连环图画三国志》《连环图画封神榜》《连环图画岳传》等，并逐步推向市场。其中1927年6月初版的《连环图画三国志》全套24册，每册32幅图，总计700余幅图，而绘画者陈丹旭，也成为中国第一位连环画画家。这5部连环画作品编辑严肃，绘画认真，篇幅宏大，印刷装订整齐，每部作品还有硬函套。这几部作品的面世，在当时产生了很大的影响，连环图画或简称连环画这一名词也正式被市场所认可。学界也普遍认可真正意义上的连环画源头当属世界书局1927年3月出版的《连环图画三国志》，由陈丹旭绘画。

“小人书”就是“连环图画”，以后人们为了言说的方便，索性省略了“图”字，就称为“连环画”。虽然这个名称还不能准确概括这种艺术形式的特点，但逐渐成了一个大众普遍认可的名称。鲁迅在《一个人的受难》序言中这样写道：“连环图画这名目，现在已经有些用熟了，无须更改，但其实应该称为‘连续图画’的，因为它并非如环无端，而是有起有讫的画本。”

“连环画”，坊间呼为“小人书”，由于发端在上海，南方称为

▲ 1931 年上海马路边小书摊，摊主悠闲地坐在旁边

“公仔书”“菩萨书”“伢伢书”，北方则多称为小人书。从20世纪20年代开始，这种书籍的题材除了传统的古典文学和神话传说之外，开始描摹舞台场面和故事。受到有声电影的影响，直接在画面上添加人物对白的“口白”开始出现，打破了传统的上文下图的脚本构图形式。一本本连环画就像一幕幕纷纷扬扬的大戏，在儿童及劳苦大众群体中广泛流传开来。买不起新书，可以租书，所以上海街头弄口小人书摊特别发达，一般的劳苦大众，可以少花钱多看书，这样就使读者越来越多，书也越出越多，文学家茅盾在1932年发表的《连环图画小说》中就写道：“上海街头巷尾像卡哨似的密布无数的小书摊。”

▲ 1949 年 4 月，上海儿童挤在一个小人书摊前阅读

▲ 1949 年 5 月上海，几个男孩在兴致勃勃地看连环画

连环画的形式多为64开本，文字言简意赅，一页文字一般不超过100字，文字脚本非常有特色，就如同电视画面一样。优秀的连环画，在改编经典名著时，尽可能保持文字的简洁和原汁原味，除了年代、地点准确以外，尽量将晦涩的原文转译成现代汉语，每张配图都有极强的镜头感，连续几十幅图看下来，人物的神态、身份、性格跃然纸上，如同电影分镜头剧本，白描、版画、水墨，形式多样，装饰、图案、漫画，风格各异。由于题材传统，借鉴了很多戏曲元素，人物造型典型而概括，浏览能解，回味无穷。今天动辄投资上亿的古装电视剧，都很难有这样丰富、考究、准确的细节。当年更有许多美术大家为小人书动笔创作，以增加收入，而且他们态度认真负责，经常实地亲自考证后才开始勾画创作，出了不少精品。因此小人

书尺幅虽小，意境却不小；价格虽低，审美却不低。

连环画，作为“小人书”因热销而影响着千百万少年儿童，因此而有了广阔的市场。当然，同任何热销产品一样，劣质产品也会招摇过市。民国时期也曾出现过许多粗制滥造、画技低劣、内容低级趣味的连环画图书版本，被民众称为“跑马书”，老百姓对这种质量低劣的连环画怨声载道，直接导致了连环画声誉大跌，以至于当局在1934年要取缔连环画出版一年。以后，民国连环画行业逐步走下坡路，直到1949年新中国成立后才又逐渐兴盛起来。

踵事增华无线电

——广播风靡

▲ 1922 年中国广播的诞生地上海广东路 3 号大来大楼

民国余槐青《上海竹枝词》有一首专写到留声机与无线电：“舶来机器唱留声，栗子摊头各竞争。踵事增华无线电，万方多难庆升平。”作者原注：“自留声机风行，良乡栗子摊各具一机以招顾客。今年各处装置无线电，国难期间，又是一片承平雅颂声矣。”无线电即是指“广播”，广播起自民国时期，余槐青说的上海的糖炒栗子摊大多会有一台留声机，可见1930年的上海街头“踵事增华无线电”，用无线电的声音招徕顾客已经是很平常的事情了。

清宣统三年（1911），美

商密勒、费莱煦、劳合等人与上海《大陆报》合资经营，中美双方各拥有一半股本，中方投资者有原驻美国大臣伍廷芳、沪宁铁路总办钟文跃等。费莱煦任经理，密勒任主笔，劳合任广告部主任。该报言论代表在沪美侨的利益，消息报道繁简得当，迅速及时，文笔活泼轻松，为上海最早的美国式编排的报纸，受到读者欢迎，发行数一度超过《字林西报》。说起这张《大陆报》，它还与中国第一座广播电台有着很深的渊源。1923年1月，美国商人奥斯邦（E．G．Osborn）创办的中国无线电公司，就是与英文《大陆报》合办的大陆报——中国无线电公司广播电台开播，呼号为XRO，发射功率50瓦，地点就设在上海外滩广东路3号大来洋行的屋顶。这是中国境内第一座广播电台，播出内容有《大陆报》提供的新闻，主要是娱乐节目，星期日还设有宗教祈祷节目。

▲ 20 世纪 20 年代，一个在沪的德国家庭在收听广播

▲ 20 世纪 30 年代，上海广播电台播音人员工作情形

广播第一次在中国上海播音，是破天荒的一件大事。同年1月23日晚上8点，首次开播，美国人奥斯邦既当记者，又是播音员，他站在话筒前向一批无线电受众介绍举办“空中广播音乐会”的目的，欢迎各位收听。那时，刚刚结束在美国巡演来到上海的捷克小提琴家雅罗斯拉夫·科西安（Jaroslav Kocian）首先应邀登场，在传声筒前演奏捷克作曲家德沃夏克的《幽默曲》，轻松的小提琴曲在钢琴的伴奏下，瞬间通过室外的无线

电发射台送达五六百英里范围。随后，理查爵士乐队和金门四重唱相继登场表演，还穿插了唱片播放和新闻金融信息播报。在演奏最后一支曲子时，理查乐队的一名萨克管手偷偷将一架接收机放在耳朵上方，听自己和乐队的演奏，他听得满脸堆笑，差点误了自己的演奏。

广播是那个年代的“新媒体”，它是新兴的、最先进的传播媒介，比起印刷品，具有无可比拟的快捷、便利、广泛和互动优势。开播后两天，即1月25日，奥斯邦电台播送了孙中山的《统一宣言》。孙中山先生敏锐地看到了这一新生事物的积极意义，对广播在各方面

▲ 1940 年 12 月 30 日，新华广播电台播音

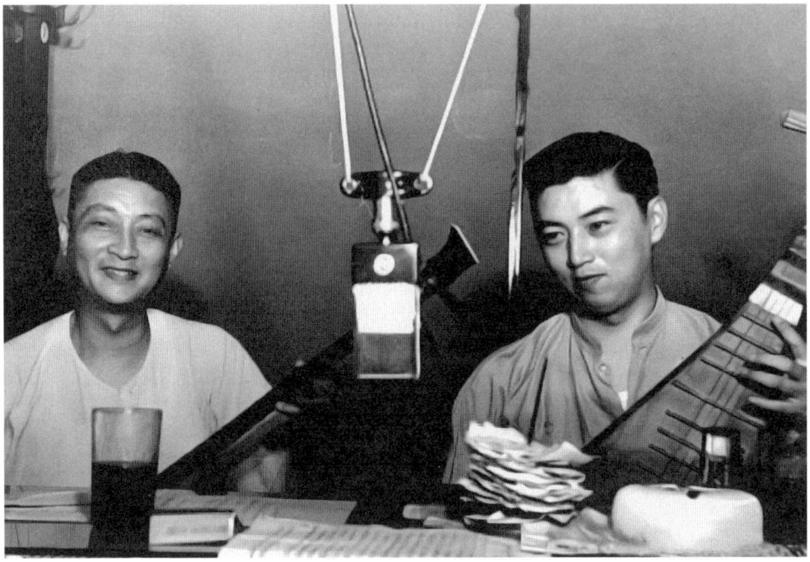

▲ 20 世纪 40 年代，上海评弹名家杨斌奎、杨振雄在民营电台演播

的成功以及有助于在中国传播光明的优势表示极大的信心。他还说：“余之宣言今得广为传布，诚可惊可喜之事。吾人以统一中国为职志者，极欢迎如无线电台之大进步。”

诞生于20世纪20 年代的广播，为城市连通世界与日常生活的便捷带来了以声音为尺度的技术变革。到了20世纪三四十年代，上海的普通市民在家中收听广播已成为生活方式之一部分。1940年12月30日，延安新华广播电台播音，标志着中国人民广播事业诞生。广播可以界定为20世纪最重要的家庭媒介，收音机被定位为“耐用消费品”，从一个中心区域进入到每个家庭中，收听广播不仅可以获得信息与娱乐，通过广播、电影和电视娱乐回到住宅，获得很大的娱乐功能。收音机使住宅与古老的市场一样成为交流的中心。收音机更成为富人家庭炫耀社交的时髦和流行。各种宴会中利用广播，开无线电娱乐宾客成为沪上显贵们的一种习惯。广播是大众传媒，成千上万的人在不同地域可以收听，对于开启民智意义重大。

▲ 20 世纪 20 年代，上海一家民营广播电台的演播室

一点灵犀通电笑
——民营电台

自从20世纪20年代广播电台出现后，作为那个时代的新媒体立即受到国人的关注，在给人们带来耳目一新的感受之余，也刷新了人们的思想认知与价值观念。广播在社会上很快就显示出勃发的生机和活力。至1929年，上海的电台已开开关关7家，有美商的，有日商的，也有中国人的。亚美电台的开办，激起了一轮以华商为主体、各

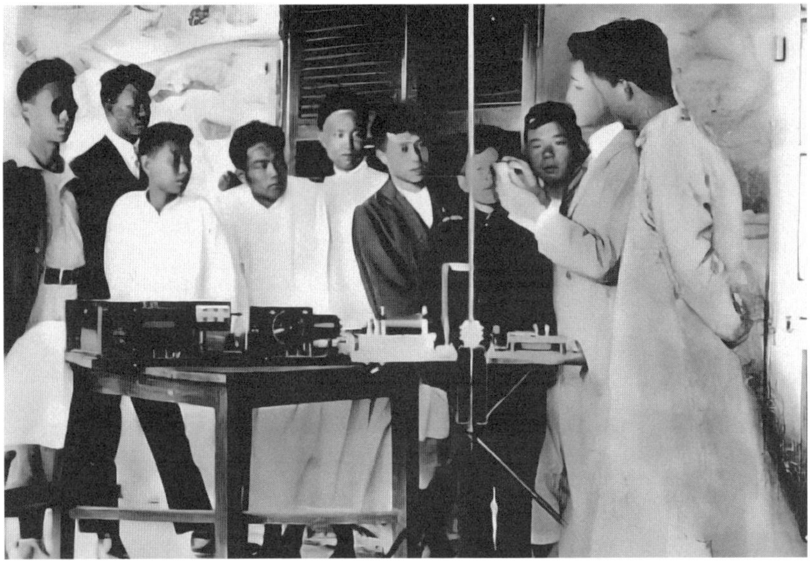

▲ 20 世纪 20 年代，上海广播电台的工程师走上街头讲解广播的原理

界自发组装广播电台的热潮，电台数量爆发式增长，有人称之为“无线电狂热时代”。据有关志书记载，1931年上海新开电台4家，1932年新开了14家，1933年新开39家，除4家是外商或外国教会开办，其余全部是华商开办的民营电台。

无线电很快从上海发展至全国各地，时人曾形象地描述过20世纪30年代初无线电对生活的影响：“广播电台之建筑，多如雨后春笋，收音机之普遍，几乎家家购置，虽至穷乡僻壤以及边陲塞外，莫不有其踪迹。盖一切时事变幻，天文报告，商场情况，时彦演说以及民歌艳曲等等，均可发音一室，播送千里，使足不出户者而能知天下事，无怪乎世界人士，为之狂热也。”上海的许多民营广播电台如雨后春笋般地涌现出来。30年代，上海的广播电台主动融入战时社会总动员行列，几乎所有的民营电台都坚持正常播音，充分发挥广播自身的新闻动员和物质动员，即时报道战况、发布募捐信息、播放救亡歌曲，成为战时最具社会影响力的传播媒介和武器，产生了战时动员的强大效果，为中国广播史谱写了辉煌的一页。

全民族抗日战争时期，在日伪广播电台活动猖獗的情况下，一些民营电台和亲华外国电台坚持把世界反法西斯战场的真实情况传递给听众。据国际电信局1934年1月统计，上海电台已有51家，30年代中期，上海广播电台迅速发展至40多家，形成了一个广播电台群落，其中民营电台超过了外商电台数量，成为上海电台广播的主力。其后官方电台相继开办，形成了上海广播电台的多元属性。到1936年6月，据国民党中央广播事业管理处统计，全国有民营电台55座，占全国广播电台总数的70.5%，上海的民营电台共27座，占全国民营电台总数的49%，真的是占全国民营电台的半壁江山。1937年，交通部再次出手整顿上海的电台，9家民营电台因设备简陋或违反法令被取缔。上海沦陷后，因孤岛内缺乏监管，一度电台纷起、局面混乱。太平洋战争爆发后，所有民营电台被日军接收或关闭。

▲ 20 世纪 30 年代，上海民营电台直播现场

▲ 20 世纪 30 年代，上海民营电台录制节目现场

抗日战争胜利后，各路电台像野草一样野蛮生长，造成频率拥挤、互相打架、干扰邮政的乱象，交通部电信局和中央广播事业指导委员会一再下令整治，可被卡的恰恰是恪守本分的老民营电台，而有权有势者各施拳脚，纷纷假借政军党团的名义开办所谓的公营电台。据1945年10月统计，短短数月间，在民营电台一家都未被核准开播的情形下，就已经以三青团名义开办了上海青年广播电台，以忠义救国军名义开办了胜利广播电台，以地下工作者名义开办了久久广播电台，以两路党部名义开办了建成广播电台。按说公营电台是不允许做广告的，可这些电台无不以商业广告为生，与民争食，抢占广告份额，民愤极大。在众多民营电台只能四家合用一个频率的

情况下，还有新的“公营”电台诞生，而且还是一家占用一个极度稀缺的频率资源。这样一个纷乱无序的广播市场，让国民党政府信誉尽失。

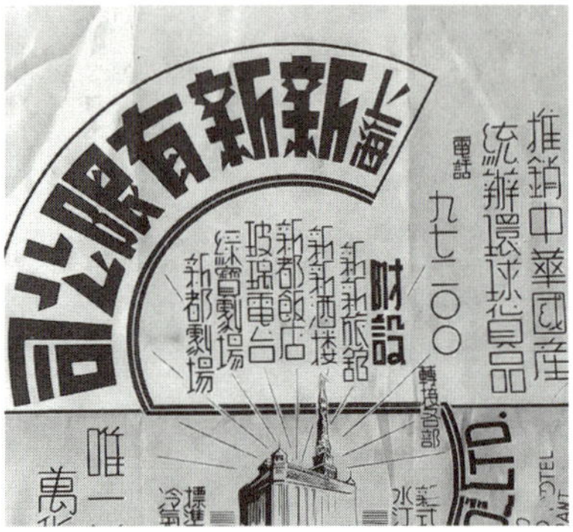

▲ 20 世纪 40 年代，上海新新有限公司的玻璃电台广告单页

对于听众而言，当收音机进入并且成为家庭重要的一部分之后，收音机不再是“洋魔术”一般无法理解的新奇事物，而成为了理想的家庭生活伴侣。就像非常著名的皇后乐队主唱在其经典的“Radio Ga-Ga”中所演唱的那样：“独自坐着，看着你闪烁的灯光。我唯一的朋友，伴我度过少年夜晚的时光。从你那里听到我渴望知道的一切。我那嘎吱作响的收音机。”1932 年 7 月 12 日《申报》刊登湘月《夏夜纳凉邻家有用无线电播音者赋此自遣》：“画帘开处，正晚凉初透，月光如水，一点灵犀通电笑，缩地惊他神技，调奏清平，吟成长恨，仿佛笙歌市，敬亭余韵，播音圆润无比。惆怅前度开樽，当年顾曲，尘事何须纪，丝竹遏云消永夜，顿惹新愁提起，禾黍低迷，雨云翻覆，枉把河清俟，漏迟人倦，睡乡且觅欢喜。”

我是卖报小行家

——报童身影

近代报业兴起，如何及时将报纸送达订户或者读者的手中，关系到报业的兴衰，晚清乃至民国时期以来，邮发系统和报业投送的系统还不甚发达，相对滞后，因而报贩成为中国报纸零售的主要力量。报贩群体的聚集与壮大，是近代中国报业发行系统中最具行动力的职业群体，近代报馆与报贩之间的互动与博弈，深刻影响了近代新闻业的组织结构与运作方式。报贩的队伍中，有很大一部分是沿街叫卖的报童，如《申报》早在1872年，为争夺市场，就开始雇佣报童叫卖报纸。近代报馆与报贩围绕着报纸发行利润与读者资源的争夺，曾是中国近代报业史上常见的一幕。

随着各大报刊的销售竞争越发激烈，雇佣熟知城市街巷环境的报童更精准地完成报纸售卖，成为许多报刊的发行手段，报童应运而生，甚至成为报业之间展开销量竞争的重要影响因素。1934年5月，聂耳与田汉合作的中国第一部新歌剧《扬子江暴风雨》就有报童的《卖报歌》：“啦啦啦！啦啦啦！我是卖报的小行家，不等天明去等派报，一面走，一面叫，今天的新闻真正好，七个铜板就买两份报。啦啦啦！啦啦啦！我是卖报的小行家，大风大雨里满街跑，走不好，滑一跤，满身的泥水惹人笑，饥饿寒冷只有我知道。啦啦啦！啦啦啦！我是卖报的小行家，耐饥耐寒地满街跑，吃不饱，睡不好，痛苦的生活向谁告，总有一天光明会来到。”据说这首由安娥作词、聂耳作曲的《卖报歌》中塑造的报童形象，其原型叫杨碧君，乳名“小毛头”。她也是《卖报歌》的首唱者，1922年生于苏州盘门，7岁时父亲过世，随母亲和姐姐、姐夫逃难到上海。为了谋生，几人当掉一件皮大衣，凑钱开始做卖报的生意。杨碧君的母亲和姐姐在霞飞路（今淮海中路）路口的车站边摆报摊，小小年纪的她便抱着报纸沿街叫卖，让人听之颇感心酸。

《卖报歌》虽然只有简短的三部分歌词，但其中蕴含着报童卖报的流动性、叫卖的听觉呈现、报童的悲惨生活等多重内涵，以及对于

▲ 20 世纪 30 年代，上海报童

▲ 20 世纪 30 年代，上海报童“啦啦啦，我是卖报的小行家，大风大雨里满街跑”

▲ 20 世纪 30 年代，江苏南京售卖报纸的报童

▲ 20 世纪 30 年代，上海小报童工余闲暇时的调皮

报童“不等天明去等派报”“大风大雨里满街跑”，“耐饥耐寒地满街跑”的生活描摹，反映了民国时期战乱频仍，无数家庭支离破碎，城市中的难童数量激增，部分难童选择了卖报来维持生计的现实困境。在1932年八一三淞沪抗战后沦为孤岛的上海，流浪的儿童比比皆是，这些流浪的儿童原本有着幸福的家庭，现在不得不为生活所迫当起了报童，以维持生计。

根据当时对报童生活的记载来看，报童生活还是极为艰苦的，往往天还没亮就到报馆门口去领报纸，饿着肚子一边奔跑一边叫卖。从早卖到晚，这样辛苦的卖报，收入却很低微，报童们常常是“一件单衣度四季，赤脚两足走八方”。当然卖报也需要技巧和运气，卖报赚不到钱的不在少数，所以有的报童上午卖报，下午则去拾煤渣捡垃圾来增加收入。

这首《卖报歌》的传唱，展现了那个年代报童在社会环境中被异化的生命体验，他们的情感宣泄，切中了所有普通人的情感结构，营造了一种具有代表性的生命景观。苦难的卖报生活并没有磨灭报童对知识的渴望，整天与文字打交道反而激起了他们强烈的求学欲望，作为文化的传播者，没有文化可不行，考虑到报童们每日奔走街头，高呼头条新闻，没有一定的文化基础实在说不过去。基于对报童进行统一教育的必要性和重要性的认识，从20世纪30年代初到40年代末，陶行知、陈鹤琴、邵鸣九等教育家，在上海、南京陆续开办了报童工学团和报童学校，帮助报童们踏上了求学之途。

▲ 20 世纪 40 年代，上海街头的报童

报童学校创办后不久，儿童保育会迎来了学校的金主——申报馆与之合作。申报馆每月捐助300元作为经费，提供500件报童马夹及冬帽，并且聘请中华医学会王一方医师为健康顾问，为报童进行体格检查。申报馆为报童学校报童所制作的马甲颇有特点，马甲为蓝色，简朴整洁，背面是“申报馆赠”字样，正面两只口袋印有“申报”字样，正面左边心口位置印有钟形符号“殆含有晨钟暮鼓、振聋发聩之意”，可见申报馆对报童学校寄予厚望。报童学校还有丰富的课外活动，如演讲比赛、运动会等，为实现报童群体能在德智体全面发展上尽一份力量。

第五章

通俗文化兴起与洋货走俏

西学东渐，西方文明进入江南，上海文化成为中国地域文化中包容度最大的文化。近代商业意识浸染着文化的各个方面。上海作为通商大埠，商业的繁荣、工业的兴起以及对外贸易的增长，吸引了大量人口涌入，这又为通俗文化的兴起提供了物质基础和受众群体。传统的社会结构和价值观念受到冲击，人们的生活方式逐渐发生变化，对新的文化形式和娱乐方式产生了需求；西方文化的大量传入，与中国传统文化相互碰撞、融合，为通俗文化的发展提供了丰富的素材和创新的动力。

晚清小说把上海看作是传统和西洋混杂的享乐场所，是延续扬州、苏州的梦。

通俗文学，如鸳鸯蝴蝶派，以言情小说为主要内容；武侠小说出现了如平江不肖生的《江湖奇侠传》等作品，戏曲艺术则主要体现在上海的京剧舞台呈现出繁荣景象，同时也在表演形式和剧目上进行了创新，出现了海派京剧。起源于浙江的越剧在上海得到了进一步发展，女子越剧盛行，越剧的改革，使其更加贴近时代和观众，作为上海本土的戏曲剧种，沪剧在这一时期逐渐成熟，以反映上海市民生活为主要内容，具有浓郁的地方特色。

上海成为中国电影的制作中心，出现了明星影片公司、天一影片公司等众多电影制作机构。电影院数量不断增加，电影成为上海市民重要的娱乐方式之一。电影文化也逐渐形成，电影杂志、影评等大量出现，推动了电影艺术的发展和传播。

上海出现了许多歌舞厅，如百乐门等，成为人们休闲娱乐的重要场所。歌舞厅中既有中国传统的歌舞表演，也有西方的爵士音乐等，吸引了不同阶层的人群。大世界游乐场集各种民间艺术、杂技、魔术、戏曲等表演于一体，是上海市民娱乐的重要去处，也是通俗文化的重要展示平台。

多样化的娱乐方式和文化消费选择为上海市民提供了通俗文化消费的多种样式，满足了不同阶层人们的精神需求，成为人们日常生活的重要组成部分。通俗文化的各种形式通过书籍、报刊、舞台、银幕等广泛传播，不仅在上海本地，还对全国其他地区产生了深入人心的影响，促进了文化的交流和传播，塑造了城市文化形象，也培养了一大批文化人才。

▲ 晚清报刊获得了前所未有的发展，读报也成为粗通文墨的市民日常习惯

最是月斜风静后
——小报兴起

近代商业意识浸染着上海文化的各个方面。从1850年8月上海第一张报纸英文周刊《北华捷报》创刊之后，至1895年，在不到50年的时间里，上海创办的报刊达86种之多，约占同期全国新创办报刊总数的二分之一，且多数是创办在租界之内。1895年以后，经历了

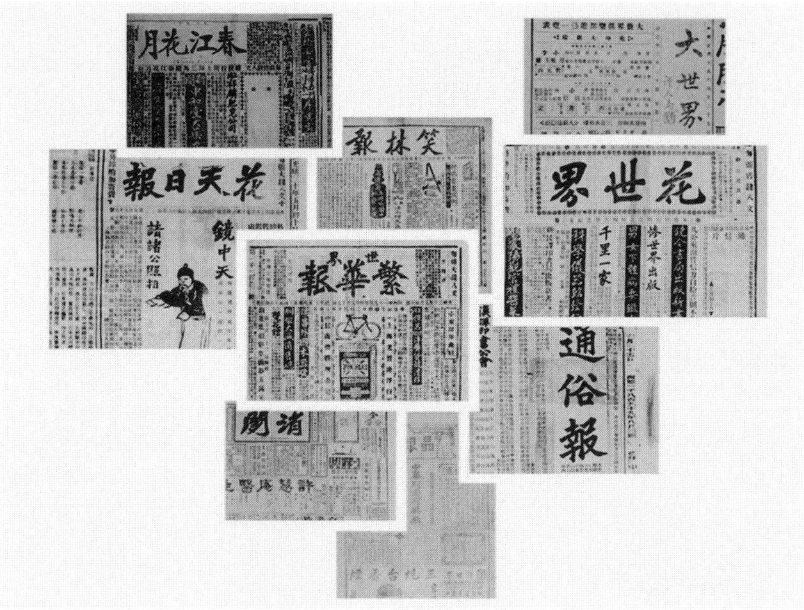

▲ 民国时期的小报一般为大报的一半，大多是娱乐性的花边新闻，适宜休闲娱乐

戊戌维新运动，全国掀起创办报刊的热潮，上海创办报刊数量急剧上升，在1896—1898年三年间，上海新创办的报刊达到48种，占同期全国新办报刊的44.9%。此后，上海的报刊始终处于近代中国报刊的中心地位，无法撼动。

然而，伴随上海报业发展的一个现象，就是小报的如影随形，一直存在着一类和大报不同的小报。所谓“小报”，一是开本小，或4开，或8开；二是内容通俗，以刊载消遣趣味文字为主，其滥觞起自清末的游戏小报，以李伯元所办《游戏报》为典型代表。延续至20世纪20年代，则出现了以《晶报》《金刚钻》《福尔摩斯》《罗宾汉》为主流的小报界“四大金刚”。如《晶报》继承了晚清小报的消遣性质，但又实为融新闻、文艺、知识、娱乐于一体的综合性小报。内容以短论和小品为主，共载小说33篇，多为名家长篇连载；三是贴近市民生活，反映市民生活的脉搏，小报广为市民读者所喜好。它种类繁多，内容丰富，几乎涵盖了政商、花伶两界以及市民生活的各个方面，多有都市休闲娱乐的趣味与功能。

小报文体中，有小报文人将每日的生活经验和身边琐事写成数块小文章，时人又以“身边小品”“身边文学”等名目冠之。这种命名本是针对身为“洋场才子”的旧小报文人。因为有了“洋场”的空间范围，也就有了确定的书写边际。在民国时期小报消费性、商业性的追求下，此类散文数量可观。办小报的编辑记者，新中国成立后称之为“小报文人”“堕落文字”，含有贬义，其实，办这类小报和写小报文章是很不容易的，刊登在小报上的文字，要注重可读性与贴近性，读者读起来感觉轻松、有趣和有味，不大好写，更要迎合一般读者的心理。小报的文章，看上去很短小的“豆腐干”，其实很难写，写得学究气太重，过于古板，没人要读；然写得过于轻佻，显得俗气，也没人要看；过于艰深，不够通俗，难以普及；过于浅俗，又显得没有分量，从编辑的角度看，小报编辑更是难当，不仅要组织稿件，拉稿都要亲力亲为，还要会拉广告，找赞助，联系印刷和发行，他们经常要自编自写，并且需自负盈亏，一旦经营不善，就会难以周济，而关门大吉。

精武畫報
恭祝康健
上海精武體育會
大聯珠

▲ 1910 年成立的上海精武体育会也办起了《精武画报》，张大千题写刊名

▲ 当女学生成为流动的风景，也成为许多画报的谈资与话题

为了追求发行量，特别要求内容的“劲爆”，最好一鸣惊人，可以引发坊间的谈资和议论，很像现在追求点击量的网文。民国时期，什么蒋宋联姻细节，什么张学良风流韵事，还有名人辞世、失踪，乃至大亨、文人与舞女的绯闻等，越是离奇、搞怪，越可成为小报上浓墨重彩的话题。衣食住行，饮食男女，是小报谈论最多的内容。这就是小报的“上海叙事”，是活的都市生活史、风俗史。比较庸俗的，是“教导”你都市的衣食住行的种种“门槛”，让你不吃亏，当然也不是下三滥的坑蒙拐骗指南，是在都市日常生活与摩登生活之间寻找平衡，让你稳重地、开放地对待现代都市全新的物质潮流。所以小报总是将“时髦”不知不觉地纳入“日常”。

随着上海休闲文化的发达，进入民国之后，又盛行神秘的夜花园游客故事。一般而言，夜花园兼有娱乐和社交功能，它既有亭台楼阁和娱乐设施，又提供比较隐秘的场所，游客们既可在此独自游玩观赏，又能群聚欢宴，传播信息，交流感情。小报追逐商业利益，有竹枝词描摹夜花园中的暧昧之事：“最是月斜风静后，有人此际尽消魂。”可以说，现代都市的初步成型构制了小报生存的物质环境，近代市民社会和市民文化的衍变催生了小报文化形态的成熟，近代文化市场机制的建立提供了小报的传播渠道，现代报纸的发生和影响则成为引发小报出现并盛行的直接动因。

▲ 20 世纪 20 年代，上海新世界游乐场“百花选举大会”，为小报津津乐道

▲ 20 世纪 30 年代，上海滩的一些影星，也是当时流行歌曲的歌星

落红没尽郎马啼

——流行音乐

20世纪20年代前，上海市民的娱乐大抵集中在戏院、茶馆和饭店，到处都可以听到地方戏曲和民间小调。五四运动之后，上海作为新文化运动的主要阵地，新的文明和思想的首要传播领地，西式的流行音乐，也首当其冲地在人们的日常生活中传播开来。

社会的需求，就是最好的学校，也是音乐天才人物应运而生的基础，他们是近代中国都市文化的先行者。人们耳熟能详的人民音乐家冼星海1929年冬天启程前往巴黎求学。在巴黎的最初几年，他做餐馆跑堂、理发店杂役、看守电话的佣人……在繁重琐屑的工作间隙，他抽出有限且宝贵的时间学琴、读谱、练习作曲。1935年冼星海回到了上海，刚开始以教别人拉小提琴和为一些电影创作音乐为生。他

▲ 1927 年，流行音乐家黎锦晖在上海为 18 岁的女儿黎明晖录制了中国第一首流行歌曲《毛毛雨》，唱响全城

创作的大量作品，其中有几岁的小孩子都能唱的“吹起小喇叭，达滴达滴达”，还有成年人都能朗朗上口的“二月里来呀好春光”，雅俗共赏。1940年7月3日他创作的独唱曲，原为广州竹枝词：“木棉花上鹧鸪啼，木棉花下牵郎衣。欲行未行不忍别，落红没尽郎马啼。”其中也有冼星海早年亲身经历的影子，这段经历为他奠定了与民众同呼吸、共命运，与时代呼声同频共振的艺术追求，在10多年后中国全民族抗日战争如火如荼之时，创作出了“为抗战发出怒吼，为大众谱出呼声”的《黄河大合唱》，传诵至今。

中国第一批流行音乐制作者脱胎于知识分子阶层，其代表人物就是开上海流行音乐之先的黎锦晖。黎锦晖自幼饱读诗书，且受到了湘潭地区多姿多彩的民间音乐浸润，20世纪20年代，为了响应新文化运动，推广白话文而产生的著名童谣《小兔子乖乖》，其实就是当年黎锦晖创作的《老虎叫门》，这首童谣影响了几代中国人。1927年，中国流行音乐的奠基人黎锦晖创作了中国第一首流行音乐作品——《毛毛雨》，标志着中国流行音乐的开端。

黎锦晖的音乐创作大致可以分为三种类型：儿童音乐、流行音乐以及爱国歌曲。他以中国民歌、戏曲为基础，广泛吸收并融入美国爵士乐和流行音乐的元素，为中国流行音乐的发展奠定了基础，创作出

▲ 20 世纪 30 年代，上海第二次音乐大会，有许多穿旗袍的美女手捧乐谱站在台上

一批广为流传的大众化流行歌曲，这些歌曲被称为“家庭爱情歌曲”，也被称为“时代曲”。30年代，随着西方爵士乐对上海歌坛的影响，黎锦晖流行音乐作品中表现出了越来越多的爵士元素，在民众中广为传唱。1921年黎锦晖开始创作儿童歌舞剧，1932年又创作了抗日题材的成人歌舞剧《民族之光》，被称为中国歌舞剧的鼻祖。有人对黎锦晖的爱情歌曲提出了质疑，甚至将其视为“靡靡之音”和“黄色歌曲”。黎锦晖认为，一些作品确有商业的考虑，但不能因为这些原因一并否认流行歌曲的价值和意义。

▲ 20 世纪 30 年代，小学生音乐课本

▲ 20 世纪 30 年代，上海滩女歌星的演出照

好在黎锦晖对于中国流行歌坛的开拓性工作，播下的流行音乐种子，迟早总是要发芽的，中国流行音乐的源头在上海。30年代的上海，可以说就是一座音乐堡垒，有着现代音乐生根发芽的肥沃土壤。“百代”和“大中华”唱片公司相继在上海成立，这使得上海成为了当时中国的唱片中心，这些唱片公司带来了很多国外的流行音乐。全国第一家无线广播电台——ECO电台在上海成立，为人们开创了一个流行乐坛全新的通道。寻常百姓都可以随时随地通过收音机，收听各种各样颠覆传统认知的新鲜乐曲。

对中国流行音乐有着常年研究的资深青年学者徐冰，是“中国原创音乐榜”的资深音乐媒体人。他认为：“1927年的《毛毛雨》是中国有据可考的第一首流行乐，它就诞生在上海，所以说上海是中国流行音乐的源头。而且，上海的流行音乐其中也蕴含着丰富的红色文化、海派文化和江南文化，也担得起上海的文化品牌。”徐冰认为：“最初的上海流行音乐其实都是脱胎于民间素材，《天涯歌女》《四季歌》……这些歌曲都能听到浓浓的江南韵味。现代一点的比如周冰倩唱的《真的好想你》也很有典型的江南文化特点。像是最早把沪语和说唱结合的黑棒的歌曲，还有林宝最近制作的一些歌曲中，都把上海童谣等江南味道融入作品中。而像紫竹调等民间曲调更是经常被当作歌曲的素材。应该可以看到，在除了越剧、评弹等传统戏曲表达方式之外，流行音乐对于弘扬江南文化也起到了重要的推广作用，上海当代流行音乐更应该为三大文化要有所作为。”

一身青袍说南北

——书场听书

评弹发源于苏州，但上海却是评弹艺术的发祥兴盛之地。在评弹的成长和发展过程中，上海以其特殊的地域和文化条件，起了极重要的推波助澜作用。苏州说书有大书和小书两种，大书只说不唱，常见的是一人独说，称为“单档”；小书又称“弹词”，抱起琵琶，边弹

▲ 民国时期上海书场的评弹艺人说书情景

▲ 20 世纪 20 年代上海天宝路附近有“光华书场”，以及翔舞台、德明大戏院等娱乐设施

边唱，最初也是“单档”，后来流行两人搭档，称为“拼双档”。所说内容，大书往往以场面宏大、人物众多、情节复杂的国家大事为脚本；而小书都是家庭琐事，儿女之情等。

上海书场的主角，起初是来自苏州的女子。据说最先说书的，以盲女为多，可怜兮兮的，无以为生，便下苦功，背下几部书，到茶馆酒楼弹唱，取得一些微薄的酬资，用以度日。盲女弹唱，调子简单，表情也不够丰富，难以吸引更多的听众。后来一些非盲女子加入其间，两人搭档，或母女，或师徒，一把琵琶、一把三弦，弹拨相应，声情并茂，生意就大为改观了。

清末民众的娱乐生活过于单调，能够去书场听书，就是很高的享受。一般书场多附设于茶馆之中。茶馆的一角搭一座高台，放一张条桌，说书先生登台表演，但技艺较差的，就只能在平台说书了。说书先生，一般是身着长衫，两排对襟的纽扣，高领，白色的内衣衬衫。头发后梳，纹丝不乱，在一张条桌前说书，桌上一块布，盖没了整个条桌，条桌上一把折扇和一块惊堂木是少不了的。开场前，说书先生坐在条桌后面的太师椅上，神定气闲，胸有成竹。

当西方文化舶来后，上海的游戏场如雨后春笋般地出现，这些游戏场都附有书场，书场之多，已不亚于说书的发源地苏州。来听书的，有各式人等，三教九流，卖浆的、贩货的、吆喝的、玩物的、开店的……应有尽有。喝茶的人一边喝茶，一边聊天，一边听书。但这样一来，说书的可就很不容易，表演评弹可就要真功夫了。人们泡上一壶茶听说书，既是品茗，又是休息。当然，也有一些小观众，放学之后，书包还在肩上就折向书场，不过只能靠着后壁站着听，只要不占座位，书场照例是不收钱的，书场也在默默地培养着后起的听众。

随着说书艺术的勃兴，出现了专门的书场，但要有听众自然还是要与茶馆、游戏场结合，所以就出现了茶楼书场、旅馆书场、公园书场、舞厅书场等，迎合不同听书者的口味和需求。昔日的书场是评弹艺人演出停留的码头，所以俗称“跑码头”。书场里听众听书，还能获取各种社会信息，交流品艺。艺人能获得听众的反馈，增加演出经验，提升专业水准，如此互动，书场场方则赖此获得生计。

说起书场的演变轨迹，最早说书在庙会集市，也叫露天书场，之后从室外发展到室内。旧时沪上比较有名的书场有四马路青莲阁、福建北路玉茗楼、广东路万云楼、东棋盘街春江花月楼、十六铺称心如意楼、西康路明月楼、牯岭路湖园等，这些都是老听客耳熟能详的书场。

▲ 1941 年 7 月 5 日《申报》刊登的沧洲书场演出广告

▲ 上海评弹名家蒋月泉与爱妻邱宝琴的结婚照，摄于 1940 年，时年蒋月泉 23 岁

▲ 20 世纪 40 年代末，上海弹词创作者周云瑞（左）在电台播音情景

20世纪40年代，上海评弹界还曾评选出“四大名家”——演《描金凤》的夏荷生、演《珍珠塔》的沈俭安、演《落金扇》的蒋如庭、演《玉蜻蜓》的周玉泉。以一曲“蒋调”声誉鹊起的蒋月泉（师从周玉泉），把说、噱、弹、唱融为一体，形成平朴流畅“严调”的严雪亭，以“张调”著称演《顾鼎臣》《十美图》的张鉴庭，以委婉凄切唱腔而自成“祁调”唱腔的祁莲芳，擅唱“俞调”后自创“杨调”流派的杨振雄等，都是上海滩评弹流派的响当当的名家，很有抓听书者耳朵的本事。

所有的音乐形式，包括评书，其叙述形式及内容，初期都跟宗教离不开干系，古今中外，概莫能外。除了雅俗共赏的唱词、动听的唱腔外，生动的说表，特别是“起角色”，是评弹演艺魅力久盛不衰的重要原因。正如一首竹枝词说的：“一身青袍说南北，云遮月里听风雷。侠义情仇多少事，再无先生解下回。”也许可以这样说，“起角色”是评弹的灵魂。说书先生嘴里栩栩如生的人物形象，生动曲折的故事情节，优美动听的音乐唱腔，独具风采的曲艺表演，全凭他纯熟流畅的艺术功力，全凭说书者扎实的语言功底及雅俗共赏的演艺风格创造出来，具有通俗性、趣味性和审美性的结合。

楼耸三层丽水台

——游乐空间

上海第一家游乐场开业于1912年11月24日，名为“楼外楼”。据说是孙玉声等人到日本游历时，看到日本许多高楼大厦的屋顶都附带建有花园，并附设游艺杂耍场地，甚感新奇，可资借鉴。回国后便

▲ 晚清福州路上的三层茶楼青莲阁，是集游艺、杂耍、唱曲和摊贩于一体的小型游乐场

▲ 1914 年经仁山与黄楚九联手，在泥城桥畔建设新世界游乐场

告知英商洋行买办、地产商人经仁山。双方一拍即合，决定斥资在上海建造一个屋顶花园，地址就选在浙江路、九江路、湖北路相交的新新舞台上。因该戏园有5层楼，当时也算是上海滩上的“制高点”了。登上楼顶可俯瞰繁华市区的景色，取名“楼外楼”，也是颇具意味。当时有描写游乐场所的上海竹枝词写道：“楼耸三层丽水台，品茶争向此间来。玻璃四面窗开处，隔巷红颜笑托腮。”

说起这个“楼外楼”，其实也只是在新新舞台的顶屋加盖一玻璃顶棚，本来不过是想给城市的市民登高揽胜，开阔胸襟。因面积实在狭小，除露天处可以俯瞰上海的风景外，实际的室内空间狭小，仅可卖些茶点，表演一些说书、唱滩簧、变戏法之类的小节目。楼外楼有两个颇吸引人的地方，其一是哈哈镜，当时被称为“凹凸光之奇镜”，当人们首次在哈哈镜上看到自己忽胖忽瘦、奇形怪状的形象，无不笑得前仰后翻；其二是电梯，一般民众都不识电梯为何物，喜欢新奇的市民纷纷前往，尝试乘电梯的滋味，甚至远在近郊的人也特地举家带口，到此一游。一时间楼外楼吸引了无数游客。大约在1916年

▲ 20 世纪 30 年代初，小东门福安游艺场

底或1917年初，新世界游艺场兴起后，楼外楼生意逐渐清淡，直至最后不得不停止营业。

1917年黄楚九被逼退出新世界游艺场的股份后，这位娱乐大亨决心要建造一个比新世界还要大的游艺场，于是就与朋友一起集资了80万元，再加上法国领事甘司东得知此事后，也乐观其成，希望能把游艺场建在法租界，以促进租界繁荣。经过几次商谈，法租界当局以较优惠的价格，把延安东路西藏南路口的一块15 000平方米土地售给黄楚九，这就是风靡上海滩几十年，至今仍在的“大世界”的起步。

1917年初，“大世界”动工兴建，依照原先设计的图纸，大门应朝东，开在云南路上，当时那里是非常热闹的一条马路。可是风水先生说大门朝东，就是面向黄浦江，潮起潮落会卷走财气。于是便将大门开在延安东路西藏南路口的转角处。形成后来大世界朝向的格局。经过一番紧张施工，只有二层的大世界不到半年就建成了。

到1924年，黄楚九再度扩建大世界，在原来的基础上增至四层，并在转角处的四层顶上，又加造四层高的塔楼，敞开形，四角为圆柱，最高处是古钟式的顶，从底层到塔顶高度为55米。至此大世界总面积已超出新世界一倍以上。除了高度，大世界内部设置也匠心独具，有“花园及屋顶花园、商场、剧场、各种书场、共和厅、美术界、动物院、弹子房、中西餐馆、中东名寮、鸳鸯池、金鲤池与大观楼、四望台、招鹤、题桥、登云各亭并旋螺阁诸胜”。并罗致了各地杂耍、南北曲艺及一些舶来品，其中升椅飞船和美术界等均为其他游艺场所没有的。各种游艺杂戏百陈，有60余种，游艺员千人以上，所聘艺员皆为游艺界有声望的能

▲ 20 世纪 30 年代上海大世界游乐场门口的游人与广告牌

▲ 1930 年，大世界游客如云，已成为远东地区最大的游乐场。图为 1945 年的场景

叫座的角色。

1930年，大世界老板黄楚九因投机失败，债台高筑，遂将大世界作价抵债，由青帮大亨黄金荣接手经营，以上演全国各地戏曲为主，成为当时远东地区最大的游乐场。大世界“乾坤大剧场”有千余座位，每天夜间上演京剧（大京班），因其开创男女同台演出先例（号称“乾坤”），成为当时一些名角的发迹之地。此外，还有京剧场、越剧场、沪剧场、评弹场……有放电影，变戏法，摸头彩，猜谜语，还有各种饮食小吃、屋顶花园，“大世界”的名气越来越响，不论上海人还是外地人，总要去兜一兜，玩一玩，“不逛大世界，等于没到大上海”，这句流行海内外的广告语，的确是上海近现代游艺民俗誉满全国的真实写照。

区别于逛庙会、赶香汛、闹社火等传统游艺形式的新式游艺活动，首先是在上海发端的，其直接原因是近代上海在形成商品经济高度发达的社会形态的同时，又成为近代通俗文化的中心；与传统高雅文化有相当隔膜而又不再满足于村社文化消费的广大市民迫切需要开辟一片崭新的文化娱乐天地，由此便引发了新式娱乐业和相关的新式游艺民俗在上海的兴起及流行。

▲ 梁启超 1902 年发表了未来主义小说《新中国未来记》

要吸峨眉秀气回

——科幻影戏

所谓“科幻作品”，包括小说、影戏和其他体裁的作品，就是用幻想的形式，表现人类在未来世界的物质精神文化生活和科学技术远景，其内容交织着科学事实和预见、想象。通常是将“科学”“幻想”和“小说”视为其三要素。它是随着近代科学技术的蓬勃发展而产生的一种文学样式。

晚清最早传入中国的科幻小说有三部，一是美国人华盛顿·欧文撰写的《一睡七十年》，刊登在1872年4月22日的《申报》上；二是美国人爱德华·贝拉米的《回头看纪略》，1891年11月在《万国公报》上连载四期，影响力更大一些；三是1877年始于日本的“凡尔纳翻译热”也由日本传入中国，凡尔纳在晚清时期的中国大火，持续受到中国读者的欢迎，这股凡尔纳热潮一直持续到民国建立以后。时有署名“南曾”作竹枝词曰：“蝴蝶闻从海上来，便将粉质托天媒。此身不入华胥梦，要吸峨眉秀气回。”除凡尔纳以外，还有日本的押川春浪，英国的哈葛德、斯蒂文森，法国的佛林玛利安等人的小说被翻译出版。在大量翻译作品的刺激和影响之下，到1904年，中国人终于尝试着写出了第一部自己原创的科幻小说《月球殖民地小说》。

晚清到底哪一部作品是中国科幻作品的源头？以前学界一直认为是署名“东海觉我”（徐念慈）1905年发表的《新法螺先生谭》，其实不确切。根据著名科普作家叶永烈的考证，他认为是1904年初开始在《绣像小说》上共载35回的《月球殖民地小说》，该作品由署名“荒江钓叟”的晚清小说家创作，总计有13万字，是一部长篇章回体科幻小说。到目前为止，尚未找到比此年份更早的中国科幻小说。于是，它就被定为中国现代科幻小说的源头之作。

这部科幻作品在空间上表现得异常开阔，有环游世界的旅行，有想象中的星际殖民；作品对时间的关注程度也达到了中国传统小说从未有过的高度，而且其中的时间是西方工业社会广泛运用的精确到“分秒”的时间概念；作品对于“气球”的描绘，气球从构思到正式研制成功，经过了长期的试验和无数次的失败，前后共花费发明者多年的心力。热衷于科学实验的表述，使得这部作品与讲究“神魔道法”神神道道的传统小说相比，别具一种现代的风情，是人类踏入现代科技社会之后的一部正宗的科学幻想小说。

▲ 晚清科幻小说《月球殖民地小说》插图

当时鲁迅和梁启超等文学大家对科幻小说的大力推崇，成为晚清科幻小说繁荣的推进器，大众对晚清科幻小说也基本有了一定的认识。《月球殖民地小说》的刊行，似乎是一个好兆头，它带动了中国原创科幻小说作品开始形成爆发之势，如海天独啸子的《女娲石》（1904）、徐念慈的《新法螺先生谭》（1905）、吴趼人的《新石头记》（1905）、萧然郁生的《乌托邦游记》（1906）、吴趼人的《光绪万年》（1908）、碧荷馆主人的《新纪元》（1908）、包天笑的《世界末日记》（1908）、包天笑的《空中战争未来记》（1908）、陆士谔的《新野叟曝言》（1909）、高阳氏不才子（许指严）的《电世界》（1909）、陆士谔的《新中国》（1910）等，其中大部分刊登在当时最流行的期刊上，如《绣像小说》《月月小说》等，不少作品连载结束后还专门出了单行本，并且一版再版，确乎形成了一个科幻小说作品创作的高潮。

值得大书一笔的是1878年生于江苏青浦（今上海市青浦区）的陆士谔。成年后，他经历了家庭的变故和自己的事业挫折，来到上海找了一份做医务护理的工作，也没有放弃对文学的热爱。突发奇想，

▲《申报》1929 年 4 月 12 日所载《科学世界》广告

▲ 1938 年上海《明星》杂志所载“六十年后上海滩”剧照

▲ 1938 年《新华画报》所载剧照

陆士谔拿起笔撰写小说，既有言情的，也有武侠的。其中最引人关注的，莫过于1910年他基于对未来的预测而创作的《新中国》，书中大胆地预测了上海即将举办“万国博览会”。为此，上海准备修建浦东铁路桥和越江隧道，为了方便民众出行，政府还准备修建地铁。在他笔下，《新中国》反映出当时人们对未来中国的美好憧憬。《新中国》发表后立即引起了社会的争议，有些人对这种天马行空的幻想津津乐道，但也有很多人认为这篇小说完全是痴人说梦，不合实际。然而不能否认的是，陆士谔的小说开创了预言类科幻小说的先河，他的许多构想后来都成为了现实。

思郎恨郎郎不知

——社科变革

晚清随着西学东渐大潮的猛烈冲击，传统社会走向衰败和史学的发展也日益陷入困顿：观念的陈旧，视野的局促，方法的凝固和社会功能的明显缺失，无不在迫其展开一场革新自救，以应世变。中国国学中唯有史学乃中国固有之学问，近代新史学，则是在吸收西方近代史学理论与方法，并对旧史学进行批判改造的基础上形成的新学科。1902年，梁启超在《新民丛报》上发表《新史学》一文，拉开了近代“史界革命”的帷幕。他深刻揭露旧史学有“四蔽”“二病”，“四蔽”为“知有朝廷而不知有国家”“知有个人而不知有群体”“知有陈迹而不知有今务”“知有事实而不知有理想”；“二病”为“能铺叙而不能别裁”“能因袭而不能创作”。在他看来，“史界革命”势在必行，“史界革命不起，则吾国遂不可救，悠悠万事，惟此为大”。

梁启超曾经撰写《台湾竹枝词》云：“相思树底说相思，思郎恨郎郎不知。树头结得相思子，可是郎行思妾时？”从表面看，梁任公仿佛写男女思恋的情歌，其实是借女子的哀怨之辞来抒发自己对于学科停滞的愤懑，表达中国的社会科学急切地需要变革的愿望，借写恋情来“为遗黎写哀”，替自己抒发心声。这种变革首先要从人文学科的新史学开始。

新史学的基本内容有四：一是以进化史观取代历史循环论；二是以民众史学取代帝王将相家谱式的旧史学；三是史学方法的多元化及其研究领域的扩大，广泛吸收政治学、经济学、人类学、社会学、伦理学、语言学等相关学科的研究方法，对人类社会历史进行全方位的研究；四是史书编写体例的变革，用新式篇章节体取代编年、纪传、

▲ 1871年同文馆天文算学总教习、数学家李善兰（前排坐者）在书院门前与他的学生合影

▲ 1937年3月14日，顾颉刚在禹贡学会理事长办公室留影

▲ 民国时期上海的科学研究会

纪事本末等旧史书体例。1901年，梁启超的《中国史叙论》和章太炎的《中国通史略例》，都提出了编撰新的中国通史的构想。此后，人文科学界不断发出变革传统儒学的主张与呼声，1903—1906年，曾鲲化的《中国历史》、夏曾佑的《最新中学中国历史教科书》和刘师培的《中国历史教科书》等相继出版，为近代中国新史学学科建设奠定了初步的基石。另外，殷墟甲骨、敦煌文书、汉晋木简、商周铜器及一些史前遗址遗物的发现，不仅为新史学建设提供了大量新史料，而且为近代中国考古学的建立奠定了基础，其中罗振玉、王国维做出了开创性的贡献。以20世纪初“新史学”思潮涌起为启程标志的近代化转型，便反映了这一时代趋势。

中国传统学术虽然具有丰富的哲学思想，但在传统学术门类中并没有“哲学”的名目，哲学作为一门近代新学科，是在西学东渐的过程中产生的。近世以来，西方一些重要的哲学思想流派及其代表人物大都被介绍进来，诸如苏格拉底、柏拉图、亚里士多德、培根、牛顿、孟德斯鸠、康德、黑格尔、詹姆士等著名哲学家渐被中国学界所知晓。特别值得一提的是，严复译述《天演论》，系统地介绍了达尔文、斯宾塞、赫胥黎的进化论学说，对近代中国哲学的形成与发展产生了巨大的影响。从康有为、梁启超到章太炎、孙中山，他们的哲学思想都无不深深地烙上了进化论的印迹。中国哲学因此而逐渐脱离传统经学的羁绊，并初步具备近代形态。

1902年，卢梭的《民约论》经杨廷栋译出，由上海文明书局出版，名《路索民约论》。上海的新式书局与书馆翻译出版了大量西方政治学的著述，通过这些译介，西方近代政治学说如“天赋人权”“社会契约”“三权分立”“自由、平等、博爱”等思想理念，逐渐为国人所认识与接受，从而为近代中国政治学的学科建设奠定了基础。西方经济学在近代被译介过来时，有“平准学”“计学”“生计学”等多种名目。“经济”一词虽为中国所固有，但其本义有经国济世、经世济民之意，大致相当于现在所谓的“政治”；而作为近代新学科门类经济学中的“经济”概念，则是从日语转借的。近代中国

▲ 20 世纪 20 年代，上海圣约翰大学科学馆

▲ 20 世纪 20 年代，植物学家刘慎谔（右）在法国留学时与同学合影

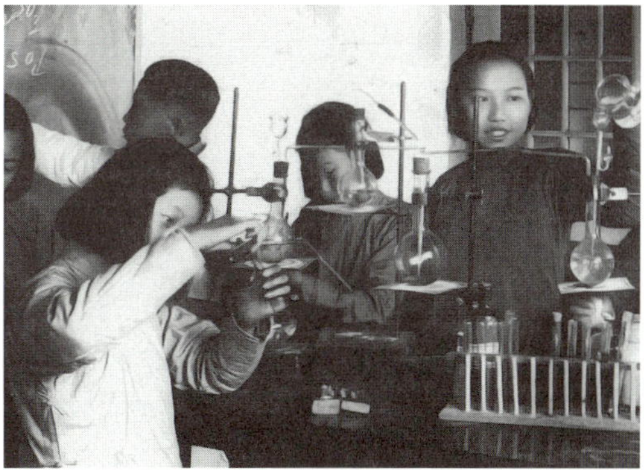

▲ 1941 年，上海女子中学的学生正在做化学实验

的经济学就是在译介西方经济学的基础上产生的。

其他如社会学、民俗学、伦理学、逻辑学、美学等，有许多著作在西方也都属于新兴学科，20世纪初，大量著作被译介进来。其中，90%以上的近现代学术著作在上海出版，上海出版事业引领了近现代中国新知识传播与思想进步的潮流。

不拘一格降人才

——科技应用

清道光十九年（1839），龚自珍在辞官南归途中写下315首《己亥杂诗》，其中一首写道："九州生气恃风雷，万马齐喑究可哀。我劝天公重抖擞，不拘一格降人才。"作者指出了要改变中国社会沉闷、腐朽的现状，就必须依靠风雷激荡般的巨大力量，暗喻必须经历波澜壮阔的社会变革才能使中国变得生机勃勃。

中国古代科学技术曾经长期占据世界领先地位，有令人骄傲的"四大发明"，也有领先世界的天文学、医学、数学和农学。根据相关资料统计，从公元6世纪到17世纪初，在世界重大科技成果中，中国所占比例高达54%。然而之后却远远落后于西方，到了19世纪，

▲ 近代中外学者一起翻译《格雷氏解剖学》

中国的科技成果只占据世界的0.4%。英国著名科学技术史专家李约瑟曾经提出了这样的问题：中国的科学为什么持续停留在经验阶段，并且只有原始型的或中古型的理论？这个问题被称为“李约瑟难题”。

晚清时期，中国传统数学也不是一张白纸，项名达著《椭圆求周长》，戴煦著《求表捷术》，李善兰著《则古昔斋算学十四种》等，都是重要的成果，与此同时，西方近代数学论著也被大量译介进来，其中以李善兰与华蘅芳成就为最大。李善兰与伟烈亚力合译了《几何原本》的后9卷以及《代数学》《代微积拾级》《圆锥曲线说》《奈端数理》等5种著作。华蘅芳与傅兰雅合译了《代数术》《微积溯原》《三角数理》《代数难题解法》《决疑数学》《算式解法》《合数术》等7种著作。这些译著使西方近代代数学、解析几何、微积分、概率论等数学理论知识开始传入中国，为近代中国数学学科体系的建构奠定了初步基础。新式学堂中大都开设了数学课程。1900年杜亚泉在上海创办《中外算报》，1912年崔朝庆在南通创办《数学杂志》。清末民初，胡敦复、郑桐荪、秦汾、王仁辅、胡明复、姜立夫等人留学美国著名学府，专攻数学，学有所成，为中国数学的现代化建设做出了重要贡献。

西方近代物理学在晚清的输入，也主要是通过译书。当时墨海书馆、江南制造局翻译馆等机构翻译出版了大量西方科技书籍，其中较重要的物理学译著有王韬与伟烈亚力合译的《重学浅说》、李善兰与艾约瑟合译的《重学》等。1900年，王季烈与藤田丰八翻译了日本学者饭盛挺造编著的《物理学》，由江南制造局翻译馆刊出，借用日文汉字的"物理学"一词，从此正式作为一门近代中国新学科的名称而流行开来。在清末新式学堂中，也大都开设了物理学课程。近代中国的物理学基础教育得以逐步开展起来。同时，在出国留学热潮中，攻读物理学也成为不少有识之士的追求。1907年，李复几获得德国波恩皇家大学高等物理学博士学位，成为近代中国第一位物理学博士。不少学者赴欧美、日本留学，专攻物理学，学成回国后大都从事物理学的教学与研究工作，有力地推动了近代中国物理学的学科建

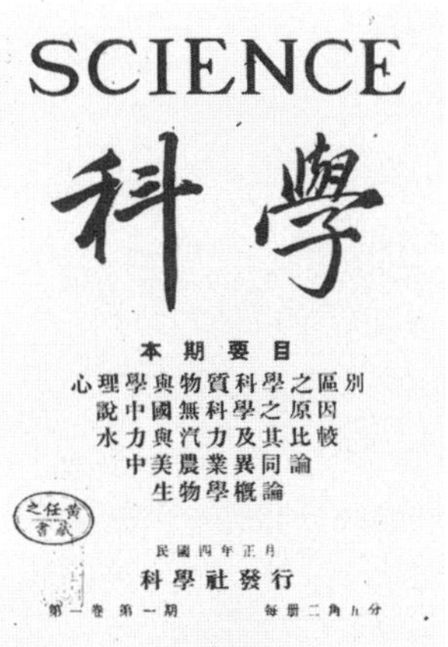

▲《科学》1915 年第 1 卷第 1 期封面

▲ 1922 年中国科学社生物研究所在南京成立，设动物、植物两部图。为所长秉志在生物研究所

设。

近代化学知识首先是由传教士和教会学校传播进来的。1839年在澳门创办的马礼逊学堂，是近代传教士开办的第一所中文学校。课程有神学、数学、历史、地理等，作为澳门早期传播西学的新式学堂，还开设有化学课。1855年，上海墨海书馆出版了英国传教士合信编译的《博物新编》，其中有关化学知识的内容涉及元素理论，并简要介绍了氧气、氢气、氮气、二氧化碳、硫酸、硝酸、盐酸等化学物质的性质和制法。1900年，杜亚泉在上海创办《亚泉杂志》，介绍了10多种新发现的元素，还专门介绍了门捷列夫元素周期表。新学制颁布后，不少新式学堂设置了化学课程。清末民初，曹承嘏、丁绪贤、张子高、杨石先、吴承洛、黄鸿龙、戴安邦等人留学欧美各国，专攻化学，成为中国近代化学教育与研究的开创者。

▲ 1935 年中华医学会编译部欢送施尔德博士回国纪念合影照

鸦片战争以后，在西学东渐的过程中，其他学科如天文学、地学、生物学、医学等学科都纷纷建立和开展，西方近代应用科技逐渐传入中国，并在交通、通信、能源以及冶金、采矿、化工、纺织、造纸、印刷等轻、重工业领域逐渐得到推广使用，既大大地提高了近代中国社会生产力发展水平，又在一定程度上促进了近代中国应用科学技术的发展。

▲ 1939 年 7 月，川康科学考察团地理组在泸定桥上留影

▲ 晚清衣衫褴褛的老人带着孙子经过高档洋商品橱窗前，形成强烈的反差

更有东西洋广货

——器物尚洋

“洋货”，是个集合的名词，大约从明中叶起，西方的商船开始往来中国，运来许多西方制造的商品，人们遂用“洋货”这个词来指称。洋货并不仅仅是这些域外物品本身，它还是西洋文明的承载物，并随着此后西洋诸国产品输入增多，对中国社会及人们的生活逐渐产生影响。例如，日用百货，晚清上海开埠以来，随着远洋航运的发达，从外国舶来的日用品极大地丰富了市民的生活，许多带有“洋”字的日用品充斥着消费市场，如洋布、洋油、洋火、洋铁、洋钉、洋灰、洋皂、洋表、洋烟、洋酒等，时有颐安主人的《沪江商业市景词》云：“外洋各物胜中华，制造精良蔑以加。”由于历史、实力、技术、人才、管理等诸多方面的原因，在近代中国，大多数国货产品不管在质量上还是在价格上同洋货相比，都缺乏竞争性。所以，颐安主人的竹枝词在描绘南京路上繁华的景象时，也偏向于对洋货的赞美：“满街装饰让银楼，其次绸庄与匹头。更有东西洋广货，奇珍异

产宝光流。”人们在短暂的排斥之后，逐渐被洋货的物美价廉所倾倒，出现了“以洋为尚”的社会风气。

鸦片战争以前，从广州口岸“十三行”输入的洋货数量总体上有限，还是局限于一些制作精巧的“玩货”与奢侈品。这些多为机械制作的洋货，工艺技术往往超出中国人的经验与想象，如自鸣钟、八音盒能自行转动并发出悦耳音乐，玻璃制作的寒暑表、杯盘瓶盏等如水晶般晶莹剔透，种种奇巧之制，往往令初闻乍见的中国人倍感神奇。因此，洋货在中国人心目中，除了其来自外洋的域外色彩之外，还往往与“奇巧”“机巧”“奇妙”“神奇”等种种新奇感受相连，“奇巧洋货”成为人们的初步观感。一些文人士大夫敏锐地预感到大事不妙，如江南颇有文名的管同，曾在安徽巡抚衙门游幕，素有经世之志，关心国计民生。他注意到以洋货为时尚现象的出现，将给中国产业界带来极大危害。他认为洋货虽然制作“奇巧”，但皆属“无用”之物，洋人将这些无用的东西运来我国贩卖，是居心叵测，“是洋之人作奇技淫巧以坏我人心，而吾之财安坐而输于异域”。管同用“奇技淫巧”来指称洋货，并认为洋人向我国贩卖洋货，一是“坏我人心”，二是掠取我国财富，因而有阴险的“谋国”之心。所以他提议，我国的应对之策是断绝与西国通商，禁止一切洋货输入，显然是想再次关闭业已打开的国门。

▲ 1917 年的机械车间

▲ 1919 年安徽省立女子工艺传习所缝纫科实习摄影

其实，熟读经史、堪称文化精英的管同有所不知，这些“奇巧洋货”已经不再是单纯徒耗心机而追求“机巧”的手工艺制品，而是近代科技革命所带来的大机器生产制品，这一特性，决定了洋货在中国的命运，不会按照管同依传统经世思路所设想的路径而终结。与管同观点完全相左的魏源，他的认知就非同一般，这个撰写了《海国图志》的魏源，对西洋器物根据其是否有益于富国强兵而做了区分，船炮火器等有益强兵的军械，及“有益民用”的工农业机器，都是“有用之物”，因而是“奇技而非淫巧”，只有除这些之外无益“富国强兵”的西洋器物，才属于“奇技淫巧”，为中国所不需之物。这种将“奇技”与“淫巧”区别看待的认识，是近代中国人开始认识和肯定西方近代科学技术和机器制造的先声。

晚清随后经历了大约30年抵制洋货的折腾，历经义和团“灭洋”与销毁“洋货”“抵制美货”与“文明拒外”运动、“抵制外货”与“提倡国货”等反复折腾，“洋货”这一来自西方的机器制品

▲ 1938 年江南的尼姑新购缝纫机赶制棉背心送赠战士，支援全民族抗战

所承载的先进物质生活方式，在大市场流通中循着市场规律而不可阻挡地进入中国民众的生活之中，改变着人们的生活方式和消费方式，改变着人们对生活的态度和理念，甚至改变着人们的交往方式，改变着人们的社会理想，以及自身的权利和价值观念。市场意识、市场规则、市场生活也使人们学会了新的社会生活方式，只有注重了解与把握民众生活世界的变动，体察民众的生活追求与愿望，并积极有效地进行与此适应的社会改革，才能使民众生活与社会制度之间保持良性互动，从而使社会稳定、健康而持久地发展。

▲ 1945 年抗日战争胜利后，几个上海小贩在倒卖美军的剩余物资

日成照相绝无伦

——照相摄影

摄影是诸多西洋文明中，较早传入中国的一种。1839年，法国巴黎一家歌剧院的布景画师达盖尔发明了银板照相法，同年，法国科学院公布了这项发明，标志着摄影技术率先在法国诞生。1840年，美国人率先在纽约创办了全球第一家照相馆，此后，摄影作为一门新兴的应用科学技术，迅速传遍了欧美各国。不久，因第一次鸦片战争爆发，西方大批商人、传教士来到中国，来东方冒险的摄影师也把镜头对准了中国这块神奇的土地。

在摄影术抵达中国后，最早引进摄影技术的城市是广州和香港，很快中国人也学会和掌握了这门技术。但最早人们对摄影棚不叫“照相馆”，而称为“画楼”“影楼”或“影相铺”。据说清咸丰年间（1851—1861）在香港合伙经营油画业的画师周森峰、张老秋、谢芬三人，合资请当地外国兵营中的一个会摄影的人传授摄影术，学成后置办器材，增加了照相业务，同时还兼营画像。他们的店名叫“宜昌画楼”，其实就是中国人最早开设的照相馆之一。

19世纪50年代，上海的摄影活动已相当活跃，并且已有不少专业照相馆出现，如“公泰”“苏三新”“三兴”“华兴”“宝记”“丽珠”等影楼。清光绪十六年（1890），全市已有照相馆21家。王韬的《瀛壖杂志》（1862）、葛元煦的《沪游杂记》（1876）、李默庵的《申江杂咏》（1876）、吴友如的《点石斋画报》（1884）等大量出版物都记载了当时上海的摄影活动，有的还生动地画下了摄影师拍照时的情景。光绪三十年，法商路易士在上海三马路（今汉口路）开设良济药房，说是药房，却经销法国“罗密”牌照相材料。当时尚未有摄影师这一职业，这些影楼不仅为各阶层拍摄家庭人物照，还承担起报道社会新闻的摄影记者职责，影响所及，甚至走出国门，影响到邻近的一些东亚国家和地区。

▲ 1905 年“花园”中的年轻女性，在照相馆摆拍照相

▲ 1923 年托马斯·克雷林和学生在上海柯达专业学校教授摄影课程

因拍照是光的艺术和技术，拍照必须在一定的光亮下进行，当时上海尚无电源，故最初的“影楼”“画楼”大多采用自然光亮。光影倘若离开日照，简直是不可想象的。早期的照相业还不具备放大技术，一些画像，是

▲ 20 世纪 30 年代，王开照相的摄影师在上海外滩摆下的机位

照相与画师之笔相结合的产物，比如一些先人遗像，几乎形成固定格式，男为顶戴花翎，女为凤冠霞帔，画中人的穿戴无一例外地由摄影与画像相结合才能完成。由于生意做得好，许多西方商人还把本国根据照片画像的业务引入中国。中国画师们根据照片给外国人画像，被西方商人运回国内销售，这种交流无形中也提高了画楼、影像铺里画师与摄影师的摄影技术水平。

为了投顾客的喜好，影楼的店主在经营上也是动足了脑筋，花样百出，进行了激烈竞争，如着色、化装、剪影、软焦点、二我图等，不一而足。看许多老照片，一般都有漂亮的背景和道具，早期是瓷凳、书橱、落地灯具之类，后来逐渐演变到自行车、留声机、飞艇模型等时髦背景，背景画一般为乡野风景和都市建筑，有水彩画，也有油画，由专业的美工绘制，规模相当宏伟，画技也堪称精湛，许多沪上知名画师，早年都曾是影楼画师。到19世纪七八十年代，随着摄

▲ 20 世纪 30 年代，上海一位帅气的摄影师小哥

影技术的进步，照相业的影响逐渐超过了画像业，画像业也就逐步萎缩。早期的照相绝大部分是玻璃底片（湿片），感光速度很慢，必须利用日光，因此摄影室一般都在楼上开设，还得在天气晴朗的时候拍摄，以充分采光。

▲ 1940 年 2 月 12 日，傅秉常女友江方玲用相机拍摄风景的情景

直到20世纪20年代，照相才用上了人造光，很多照相楼开始了“日夜照相”，称为“楼”的意义显然已经名不副实了。1878年间的《春申浦竹枝词》吟咏此事：“日成照相绝无伦，电气传神信有神。何必画师挥彩笔，依然纸上唤真真。”原注解释：“日成，照相楼也，必待日中照之。其法亦以电水抹玻璃上，置器中，向人照之，转眼而成。以水洗净，再用药水以纸印之，神形必肖。”照相馆的名称方才由此登堂入室。

上海照相业的形成，大致是循着“先有照相馆，后有照相器材业；先有照相器材商业，后有照相器材工业”的发展路径。感光材料大多是西方和日本等国家的牌号。直到40年代，中国人经营照相馆和出售照相器材业务的比重才超过洋商，逐渐赶了上来。

第六章

西方医学知识的传播与接受

在西医传入中国以前，并无“中医”“西医”概念的区分。近代以来，特别是鸦片战争之后，在西学东渐背景下，来源于西方的医学被引入中国，慢慢从无到有，发展壮大。为了与中国传统医学相区别，逐渐有了“中医”“西医”之分别。

近代西医理论知识输入的主要途径，第一种是通过教会医院与医学堂的创办。从1842年到1848年之间，五个通商口岸全部建立教会医院和诊所，西式医院陆续遍布中国各地，凡传教士足迹所至，就有西式医院和诊所，但具有“实用理性”思想的中国人普遍更关注世俗生活，对于西医的兴趣仅仅停留在医疗奇迹产生的感叹和面临疑难杂症时的尝试，对西医背后的宗教文化却并不关心，甚至是难以理解。

第二种途径就是开办西医学校，培养中国的西医人才。在100多年时间里，教会医院在介绍西医西药，培养西医和护理人才以及医院管理等方面都曾做过许多努力，并为成千上万的病患者解除过痛苦或是挽救过生命。大量西医书籍的译介，向中国人介绍了不少西医基本知识。

民国建立后，新文化运动兴起，高举“德先生”“赛先生”的旗帜，对传统的文化、思想、观念、技艺进行猛烈批判。借着新文化运动的东风，一部分以西医自居的人，对以传统为根基的中医进行了猛烈的批判。抗日战争胜利之后，原本被搁置多年的中西医之争又硝烟再起。1946年2月，南京政府教育部指令上海市教育局取缔上海中医学院及新中国医学院两所中医院校。两校联合上海各中医团体多次交涉未果，最终还是被勒令关闭。

为此，全国各地中医界奋起反击，成立了全国中医师公会联合会，发起了全国中医请愿团。1946年11月，请愿团向南京政府请愿，要求贯彻执行此前公布的中西医平等议案，但国民政府行政院并未理会。这次政府的置之不理，进一步激化了矛盾，直接引发了1947年3月中医界的抗争浪潮，从3月至5月，南京、上海、长沙等地先后爆发了大规模的中医界抗议活动。

新文化运动对传统中医的批判是在特定历史背景下发生的，虽然推动了医学的现代化，但对中医传统价值认识不足。随着时间的推移，人们对中医的认识逐渐趋于理性和客观，也认识到中医独特的优势与价值。

▲ 20 世纪 40 年代，上海名中医在为病人号脉

悬壶济世杏林暖

——海上中医

从清末到民国，上海的传统医家，流派纷呈，可能是受海派文化影响，“海派中医”就是在这样的土壤中萌芽和成长起来的一株医学新苗。它以上海本土与移民来沪的各地名医群体、流派群体为代表，在传统与创新、包容与竞争、中医与西医的碰撞、抗争、交融中逐渐形成，至20世纪40年代末，海派中医的流派已经发展到54个，涵盖

内、外、妇、儿、伤、针灸和推拿等多个领域。

海派中医，医家鼎盛，资源丰厚，且不说前清，仅民国期间，就有内科、外科、伤科、儿科、眼科等多家，推拿有一指禅、少林内功等流派，林林总总不下数十家之多。这些著名医家流派的代表人物，或为上海本土品牌，或从全国各地迁徙来沪，他们共同生活在上海这块土地上，虽在学术见解、擅长病种、诊疗方法、用药习惯等方面各有不同，但是通过相互间的竞争、交融和嫁接，丰富包容创新内涵，创造了良好的学术争鸣氛围，共同见证了近代上海中医流派繁荣纷呈的局面。

▲ 清末一位中医为女子号脉，亦即"指摸脉象"

内科列中医十三科之首，古称大方脉，也是名家辈出。以地域因素而言，既有本地土生的医学世家，更有自外埠迁沪的各家流派，如缘起于孟河，发达于上海的丁氏内科、费氏内科；有相传20余世，名震江南的青浦朱家角陈氏内科；有原属新安，又居申城悬壶的王氏内科；有渊源于浙东，全民族抗战中来上海扎根的范氏内科；等等。以临床用药特色而言，有善治时疫热病，用药轻灵见长的夏氏内科；有长于伤寒，善用温热药的祝氏内科……毋庸多言，内科流派各家代表了海派中医的主要特色。

▲ 20 世纪 20 年代，苏州人"郎中问诊"的情形

上海的中医内科相传肇始于南宋，绵延800余年的松江何氏世医，不仅在我国历史上所罕见，就是在世界医史上，也不多见。其开始于南宋，经历了南宋、元、明、清、民国，何氏医学名医辈出，在方志、家谱中有医传可考者约359人，其中不少医家曾任太医院院使、御医等职，医学声名远播大江南北。先后悬壶于江苏镇江、河南开封、浙江杭州、上海青浦和松江、奉贤等地；有开创于明末的龙华

张氏医家，据清同治《上海县志》卷二十九记载，张氏一门的先祖原系河南汴梁（今河南开封）人，南宋初有张铁一氏随宋室南迁，“皆沈、翟、赵三姓由严陵徙居至上海高昌里张家浜，近龙华，后人遂呼为‘龙华张’”。梳理张氏医学源头，可以说出长长的一串故事。民国时期的张骧云，当时沪上家喻户晓的“张聋甏”，曾患烂喉丹痧（相当于猩红热）重症致听力减退，诊病时用自制的铁皮筒助听，因此得名。张骧云13岁丧父，师从张晓云、张蔚云学医，兼学伯、叔两人之长，尽得家传。他初在其兄张晓云诊所助诊，之后独立自设诊所，在四马路（今福州路）浙江路口的浙江里开业。起初业务清淡，经慈善团体的陈竹萍介绍，兼任难民栖留所普育堂的医生，接触劳苦大众，他深深体恤普通百姓贫病交迫的苦楚。稍有医名时，家中遭受火灾，乃迁至泥城桥西首平桥里（今北京西路）居住，并开设诊所。此后其医名渐盛，求诊者摩肩接踵，络绎不绝。虽然张骧云诊所的户外并不挂招牌，也从不在报上登载广告，但终日门庭若市，一日无暇，靠的就是治病救人的口碑。

中医外科，仅浦东一地当时就有顾云岩、沈杏苑、陆挺芝、张莲初等多个家学流派，到20世纪30年代，又有无锡的杜少谷、德清的夏墨农、平湖的林墨园、宁波的严海葆等相继来到上海，为海派中医外科流派增添了色彩。如顾家擅治疮毒痈疽，被称为“疔疮大王”；

▲ 20 世纪 40 年代，上海中药店一位柜台前秤药的店员笑容可掬地为顾客称药

▲ 20 世纪 40 年代，上海民众去中药店抓药情形

夏家擅用刀法外治，并重视祖传外敷药物的应用；严家、林家擅长痔科；陆氏擅治疔疮、发背、落头疽；杜氏擅治流注等病症。这些流派的传人后来都成为了沪上伤科和外科大家。

上海自开埠以来，海派中医妇科亦呈现医家荟萃，名医辈出，百家争流的局面。郊县也有一些妇科世家，如川沙县（今属上海浦东新区）有胡溱魁胡氏妇科、青浦县有胡访梅胡氏妇科，在当地都负有盛名。其他如儿科、伤科、推拿、针灸、喉科、眼科等，都涌现出一批杰出的传统医家。近人张洪志《赞张仲景》诗云："心有黎氓坐大堂，精分表里识阴阳。悬壶济世杏林暖，著手回春橘井香"，也暗含了对这些传统医家的敬仰之情。

三指回春恐未工
——中西汇通

19世纪以来，在西学东渐的背景下，西医通过多种渠道传入中国。虽然主要是通过传教士们从社会底层入手，历经艰辛，一波三折，但其先进的医学观念与技术手段，也逐渐赢得了社会公众的普遍认同，并形成了相对稳固的西医观念，成为扎根中国的广泛社会心理基础。教会医疗事业是晚清影响最大的西医事业，它与其他因素一同影响了中国人西医观的演变。"断肢能续小神通，三指回春恐未工。倘使华佗生此月，不嫌劈脑治头风"，清末竹枝词里对西医的赞美，其实也是对现代医学观念的肯定。

但是，西医在几百年前传入中国时，却遭遇了各种误解甚至谣诼诽谤。清初，江南大学者顾炎武曾经在他的著述里这样描述："嘉靖初，佛朗机国遣使来贡……其人好食小儿，其法以巨镬煎滚汤，以铁笼盛小儿，置之镬上蒸之，出汗尽，乃取出，用铁刷刷去苦皮，其儿犹活，乃杀而剖其腹，去其胃，蒸食之。"颇具人望的学术大师居然这样来描述西医的恐怖场景，作为普通民众更是以一种怀疑、恐惧的

▲ 1905 年，国内的西医医院和诊所超过 400 家。1900 年以后人们对西医普遍认可

心理来看待作为舶来品的西医疗病了。就是到了19世纪下半叶，中国社会还是有各种对西医误解误读的种种以讹传讹，比如说教会医师以迷药诱人入教，以媚药淫亵妇女，西医解剖尸体或制作人体标本，被认为是出于邪恶动机。一般芸芸众生起初对西医的怀疑，实乃对一种完全陌生事物的本能抵触，西医也一度成为邪恶的象征，教会医疗在初始阶段步履维艰。例如第一个开办教会医院的医师伯驾，他开设的“眼科医局”，第一天无人问津，第二天只有一名患青光眼的妇女上门问医，直到后来情况才有所好转。

最早尝试接触西医的社会群体，可能就是两种人：一种是一贫如洗、根本无钱求医问药的穷苦人，另一种也许是经传统医家久治不愈的病人。反正没钱医治，抑或反正坐着等死，还不如“搏一记”，赌一把，说不定会有起死回生的奇迹发生，抱着这种心理的人不在少数。然而，当这样的病人通过教会医生的西医治疗，减缓了痛苦，或者完全治愈了，畏惧疑虑的心理就逐渐消失，这就是口碑，经过人际传播，就医人数与日俱增。

下层社会求西医治疗的灵验，久而久之对中上层社会也产生影响，特别是在中医治疗同种疾病无效时，西医治疗痊愈就成为可能。随着教会医学规模在中国的日益扩大，各地的受医人数也急剧增加。上海民众得风气之先，较为普遍地热衷于西医西药。虽然上海也出现针对西医的谣言，但并未引发多少医患冲突，上海民众也不为“剜眼剖心”之类谣言所迷惑。1870年《上海新报》有一篇评论中写道：“数日前上海谣言渐兴，实为可笑。知者不为所惑，愚者易于受惊。”

在西学东渐的过程中，普通中国人对西医认识的变化，主要得益于西医的实效性。人们在与西医的日常接触中，经过一段时间，慢慢了解了它的功效，西医很快为当地一般下层民众所接受，接着中上层也开始接受。可见，内地和沿海在接受西医时均表现出“下层社会在先，中上阶层在后”的情形。如在19世纪末的苏州，“中户以上不乐西医”。据说，1879年，李鸿章的夫人生病，中医都束手无策，

▲ 晚清一家西医医院，护士正在护理一位手臂受伤的妇女

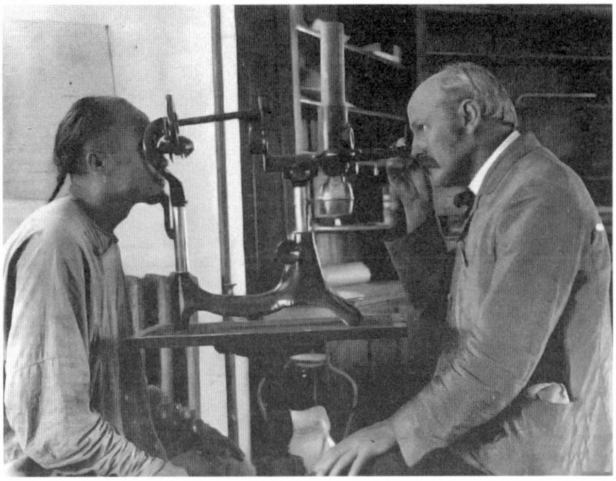

▲ 西医以现代化的医疗仪器为病人作眼科检查

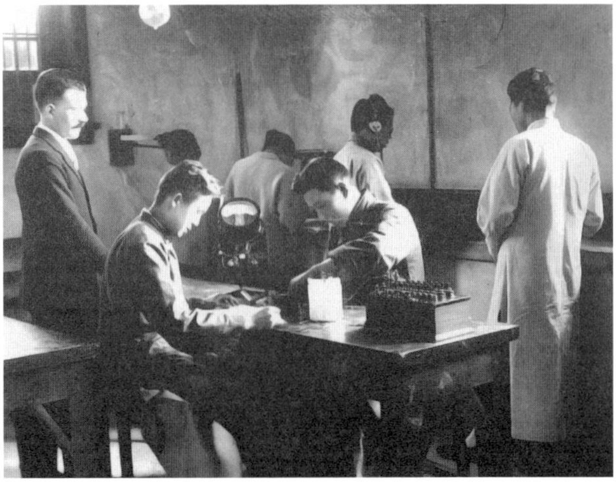

▲ 20 世纪 20 年代的医预科，将中西医结合的教学情形

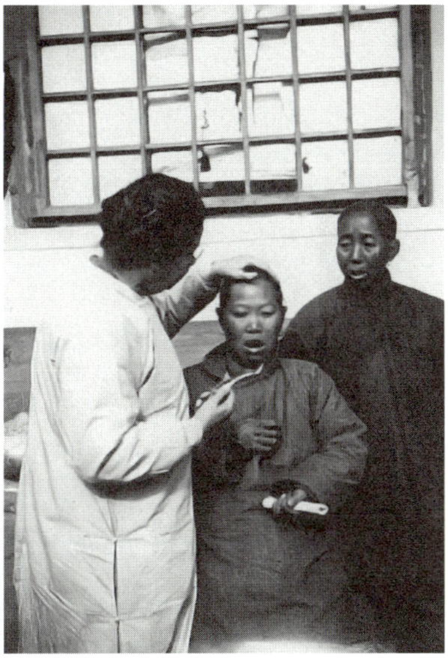

▲ 图中这位准备拔牙的妇女，显得十分畏惧医生手中的钳子，背后那位农夫的表情显得更为焦虑

后经传教士马根济和郝维德治愈，至此他才接受西医。

晚清下层民众对西医的接受，有赖于热情的升温和习惯的养成，要在整个中国民众中培养和形成西医观念，就必须扩大西医的影响并拓展生存空间，那就先要形成一段时间的“中西汇通”缓冲期，所谓“中西汇通”，实际上是承认西方医学的作用，这种认知大约从明代就出现了萌芽，到了晚清已经成为上海的一种风气，尤其是西方医学大举进入我国后，持中西医汇通论者越来越多，其著名者如王宏翰、朱沛文、唐宗海、张锡纯等。上海由于口岸开放较早，东西方医学的碰撞和交融也更深入，因而产生了一批著名的中西医汇通的医家，如周雪樵、丁福保、恽铁樵、祝味菊、陆渊雷等。他们组织团体，出版报刊，提出“发皇古训，融会新知”，在医理上探讨中西医间的异同，倡中医改进和科学化，在临床上采中西医两法诊断病情。故中西医汇通是我国医学发展的产物，它代表了一个时期医学发展的趋势，成为近代以来中医学术发展的新的潮流与流派。

心腹肾肠昭若揭

——教会行医

1835年，美国人伯驾（Peter Parker）在广州创办近代中国第一所教会医院。此后，教会医疗事业不断拓展。1876年，新教在华所办教会医院有16所、诊所24所，1905年分别达到166所和241所。同时，传教士还翻译出版西医书籍，创办一系列教会医学院校和护士学校。洋务运动开始后，中国人也开始兴办近代医疗事业，但起步晚、进展慢。晚清时期，也有少数中国人因出国留学受西方文化影响，或因接触通商口岸的外国私人医生而认识和接受了西医。

西医对中国民众的影响也是从南到北逐渐向中国北部地区扩展的。当伯驾等教会医生在南方推广教会医院，并且将现代西医做得风生水起时，清廷所在地的北京，洋医生依然难以打开局面，从而显得有些形影孤单。早期教会医院出现在上海、福州、宁波、汉口、汕头等通商之地。1873年，《申报》记述了西医在上海地区的景况："自中西通商以后，凡泰西诸国医士接踵而来，药材齐集而至，如上海一区，西医之设立医馆已有数处……无论中西富贵贫贱之人，均可就医于各馆，富贵者求医而不求药，贫贱者则医药皆出之馆中，甚至贫苦无告之人，沉重难治之症，并令住宿馆中，供其饮食，遣人扶持，病愈即行，不费分文，立法之善，诚莫与京矣。"

还有资料记载了当时教会医院摩肩接踵、门庭若市的场景："看一看在医院大门外，排在大街上候诊的队伍，看一看每天清晨从四面八方涌来的车马轿子，看一看那些官员、侍从、马夫、轿汉，是如何把整条街挤得水泄不通的。人们把小孩举过头顶，否则小孩就会窒息、挤伤。"那些处于社会底层的劳苦大众，他们在患病时往往因为饥寒交迫而求治无门，教会医院本着医者仁心的宗旨，广开医院诊

▲ 1864 年创办的公济医院是自 1843 年上海开埠以来最早的西式大医院之一，其历史之久仅次于 1844 年开办的仁济医院

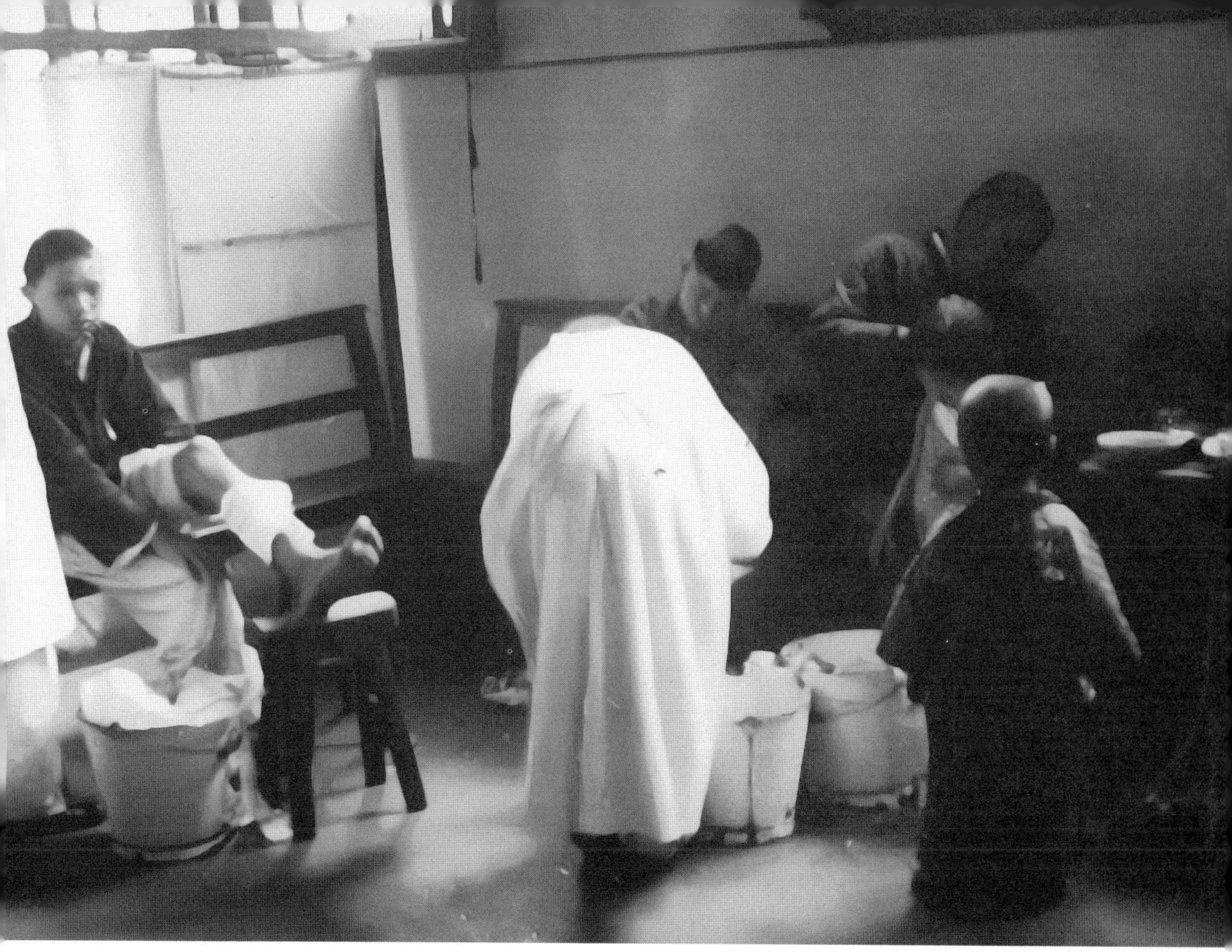

▲ 1925 年前后，上海同仁医院门诊部内，医生正低弯着腰给患者治疗

所，开展慈善事业，发挥了很好的作用。民众的认可是西洋医学在中国扎根生存的基础。

西医初来之时给中国穷人施舍医药，带有明显的社会救济和福利性质，因而不被生活相对富足、骨子里充满文化优越感的精英人士认同。到了19世纪末，报章杂志上有关西医院的介绍逐渐多了起来。《点石斋画报》以图画的形式，浅显地描写了西洋教会医院“仁医济世”的场景。该画报刊登了多幅西医为病人诊疗的画面，如《著手成春》《西医治病》《收肠入腹》《西医治疝》《剖腹出儿》《瞽目复明》《妙手割瘤》等。其中《妙手割瘤》一幅，登载了上海西门妇孺医院女医生邀请沪上西医会诊，为一女病人切除150多磅肉瘤的病例，并记载了手术过程：“将该氏置机器铁椅上施以闷药，用利刃将瘤割下，然后喷水令其苏醒……据西医云，此等大瘤从来未有，故已浸以药水寄往泰西大医院中藉资考究。”而该妇女痊愈后“行坐起居如释重累，不禁喜出意外”。另一则《西医治病》报道：“都中施医院之西医某君，初次莅华，未谙言语。而治病给药，必需详询，方知病之原委。有西女某，教中人，亦好善为怀者，愿代某君喉舌之司。两相得而益彰，故赴院病人日以百计，西士女不以烦冗为苦，殊足多矣。”

这两幅纪实性新闻，很有画面感，遂成为西医大夫神奇医术和良好职业道德的真实写照，同时也反映了当时中国人，尤其是都市民众对于西医治疗的一般心态与观念。除了先进的医术外，《点石斋画报》也记载了教会医院先进的医疗设备。丙集《吞烟遇救》中讲述了一名男性因狂吞烟膏导致性命垂危，西医利用橡皮管接入男子腹中将其救活的故事。《宝镜新奇》介绍了美国新出的一种“宝镜”，可以照人脏腹，实则是X光诊断机，画报对该医疗设备进行了专门介绍。苏州西医“苏垣天赐庄博习医院西医生柏乐文，闻美刚新出一种宝镜，可以照人脏腹，因不惜千金购运至苏。其镜长尺许，形式长圆，一经鉴照，无论何人，心腹

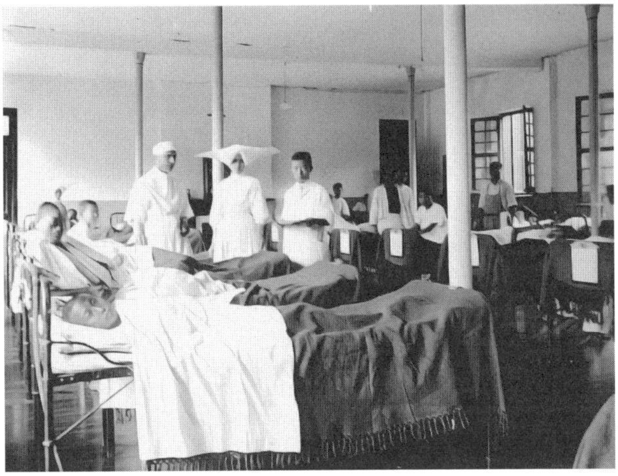

▲ 1914 年，震旦学院开设博物医药科，以广慈医院为其主要教学医院，各专科主任大多由医学院教授兼任

▲ 20 世纪 20 年代，医学教育的教学与设备情形

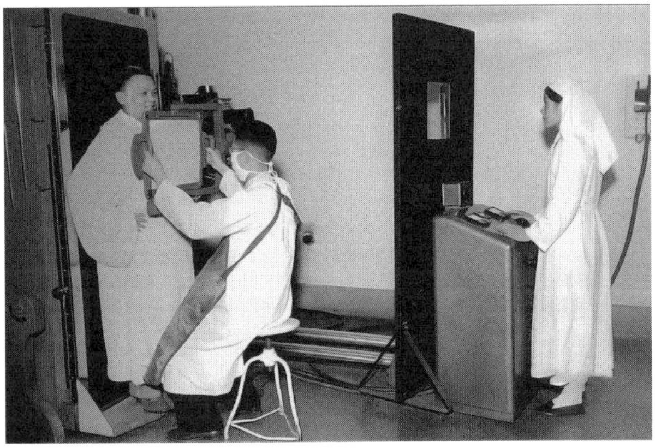

▲ 20 世纪 30 年代，上海医学院中山医院——它不是教会医院，而完全是中国人开设的医院

肾肠昭然若揭……该医生自得此镜，视人疾病即知患之所在，以药投之无不沉疴立起……”

西医日益进入了中国底层民众的生活，尽管覆盖面还是相对有限，但其显著的疗效，改变了大部分中国人的态度。一些豪门贵族还将子弟送到教会医院自费学习西医。多数居民“有病辄就院治”，而不再像过去那样愚昧无知，遇到疾病就去求神拜佛了。

泰西医学入中国

——医药代言

作为19世纪末期中国国内最具影响力的期刊之一，《点石斋画报》深刻地见证了晚清西学东渐的足迹，并通过采用石版印刷技术的大规模印刷和分发的方式来传播信息，满足当时社会对于海外信息的需求。它以图像形式介绍了来自外国的声光电化与科学知识，为晚清国人打开了一扇窥探西方世界的窗口，重塑了晚清国人对西方医学的视觉体验。

▲“博爱”二字由孙中山题写。《时报》1913 年 5 月 20 日第 7 版

▲ 20 世纪 30 年代，祖孙三代保健鱼油广告

上海通商之后，商业化的发展，商业文明所形成的深厚根基，讲究效率、公平和规矩，不论是传统中医还是刚传入的西医，关键是看其效率的发挥。而民众对于西医的热衷，也是基于有效性的分析和倚重。从《申报》历年的医药广告中，可以看出上海人对西医西药的价值取向，看西医、吃西药，成为市民

医疗生活中必不可少的重要内容。

民国肇建，临时政府中诸多官员都曾借助个人职位所带来的影响力，在报刊上大做广告，指名道姓地推荐某医生或者颂扬某药品。如教育总长蔡元培就曾在报上署名推荐一个叫杜同甲的医生，他说：“杜君同甲，研究医学，垂二十年，苦心孤诣，实事求是，其所治愈，鄙人尝亲见而深知之，谨为病家介绍。杜君现寓上海武昌路太平里口绍兴杜寓内，门诊五角，出诊二元。”后来蔡元培在担任北京大学校长之时，还曾与严修等名流一起推荐过“医学士丁仲杰”，夸赞其医术的精到。其他民初高官如黎元洪、伍廷芳、蓝天蔚、王芝祥、王人文、温宗尧、陈其美、汤寿潜、张謇、王正廷、顾维钧和杨度等都曾刊出过类似的荐医广告，尤其是荐药广告。用今天的话来说，有点名流积极地为现代医学“直播带货”的味道。

▲ 1929 年 2 月，中国伶界大王梅兰芳为韦廉士西药代言

著名新闻学家戈公振曾以1922年《申报》上的各类广告为依据，加以统计分析，发现医药广告在数量和面积上占广告总数的34.9%，居各类广告之首。虽然“当时上海医生的人数是中医师多西医师少，但在诊所广告方面却是西医的广告多而中医的广告少。中医人数是西医人数的8倍左右，宣传上却形成了强烈的反差，在广告量上中医广告大概还不到西医广告的一半”。这说明“在民国初年，较多的西医开始进入中国社会，不少的西医师为了增加知名度，便在报纸上大力宣传，希望能借此而招揽到更多的生意”。药房广告中，也是西医占多数。报章杂志上充斥着大量文字类的药品宣传广告，除了

介绍药品的适应症、疗效及产品价格，还包括社会名流的代言、病家来函以及医学科普类，使药物更为使人信服。就如同当今的“软文”，通过名人效应来吸引公众的注意。西方文化浸润度较高的上海，人们也更乐于接受新的文化和思想，医药广告商在广告中运用当时国人眼中颇为新奇的西医理论来介绍和推销药品，也如预料般取得了不错的效果。如中法大药房售卖的“日光月光铁丸”，利用西方生物学的血液循环理论和三张显微镜下的“红白血轮消长图”来解释人身体的病因。

▲ 德国拜尔牌阿司匹林，很显眼的拜尔十字商标

▲ 保济丸，有备无患。1941 年《良友》封底广告

上海的西药业滥觞于19世纪中叶，最初由英商大英药房销售家用成药，后大英药房职员自行开设中西大药房，至黄楚九开设中法药房后，上海才出现由国人自行制造与贩卖药物的西药房。民国初年的上海，虽然中医和中药房的数量远超过西医和西药房，但在报纸广告上所见到的景象却正好相反。

中医是在中国传统文化基础上建立起来的医学体系，只有对中国传统思想，如“阴阳五行”“天人合一”“经络气道”以及中国古代经典学说如儒家、道家、禅宗等学说有充分了解，才能客观看待中医。然当时一则广告赫然出现这样的字眼：“自西学东渐，中医日晦，潮流所荡，国粹潜消。”另一则广告又说：“泰西医学入中国，社会对西医渐形信仰。”这种态势，强化了西医相对于传统医学的优势地位，确实会产生一种抵消中医影响力的强烈冲击。

清末民初中国的医疗格局，西医地位不断上升，对传统中医形成冲击，它赢得了普通民众的兴趣和关注，并形成稳定的西医观，这种观念也在客观上为中国现代医疗格局的形成，奠定了坚实的文化心理基础。到20世纪40年代后，西医已经牢牢掌控了医疗体制的基础。

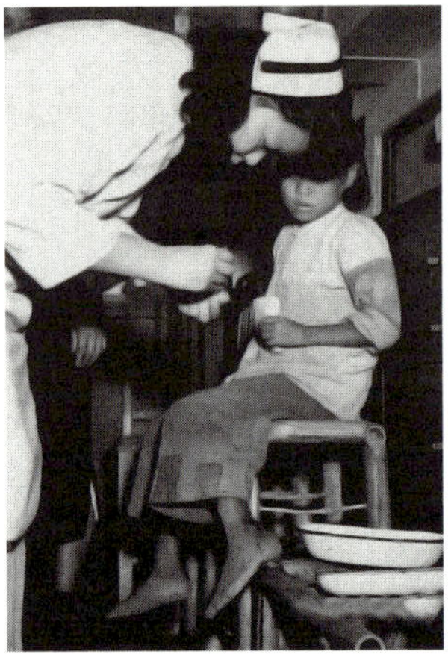

▲ 20 世纪 30 年代，上海护士为小女孩注射疫苗

▲ 1932 年上海瘟疫，租界医院对民众疾苦置之不理，门口有红十字会人员在紧急应对

只为瘟疫带上关

——防疫疫苗

中国传统医学将具有传染性的疾病称为“疫”，而与季节和时令有关的烈性传染病则称之为“瘟疫”。疫，民皆疾也；苗，艸（音同草）生于田者，指从土地里生出的植物。从字义上看，疫苗指将疾病（细菌、病毒）接种于人体，使其发芽。疫苗在民国时又被叫作痘苗，为什么叫“痘苗”？因为它与早些时期接种牛痘预防天花有关。

英国著名科技史家李约瑟在中国游历敦煌莫高窟时目睹，石窟佛像上会贴有带“关”字的多张黄纸，象征祈求小儿成长过程中躲避疫病或顺利通过疾病关，这些疾病有天花、霍乱、水痘、百日咳等，都是一道道对生命产生威胁的关口。传染病是由病原微生物和寄生虫，如细菌、病毒、蠕虫等感染人体后产生的有传染性、在一定条件下能够在人与人之间或人与动物之间相互传播并广泛流行的疾病。

清末至民国时期，因经济基础薄弱，社会动荡不安，自然灾害频繁发生，加上医疗条件有限，导致传染病一直处于高发状态，早在1916年3月12日，北洋政府内务部就颁布了中国第一部全国性的传染病法规《传染病预防条例》。该条例首次将“虎列剌（霍乱）、赤痢（痢疾）、肠窒扶斯（伤寒）、天然痘（天花）、发疹窒肤斯（斑疹伤寒）、猩红热、实扶的里（白喉）和百斯脱（鼠疫）”等8个病种定性为法定传染病。天花，是由天花病毒引起的一种烈性传染病，对人类的荼毒是令人难以想象的，幼儿尤其容易感染天花，天花是感染痘病毒引起的，患者在痊愈后脸上会留有麻子，“天花”由此得名。内地曾经流传一首民谣：“中华民国十九年，秋歌闹到七月天。不为银子不为天，只为瘟疫带上天”，留下了民众痛彻心扉的记忆。

古人很早就开始防治天花，防治的办法就是种痘，古代的医家为征服天花，采取“以毒攻毒”的方法，发明了人痘接种术。原理是“以毒攻毒”，就是预先给一个人接种这种有毒的致病物质，他就可

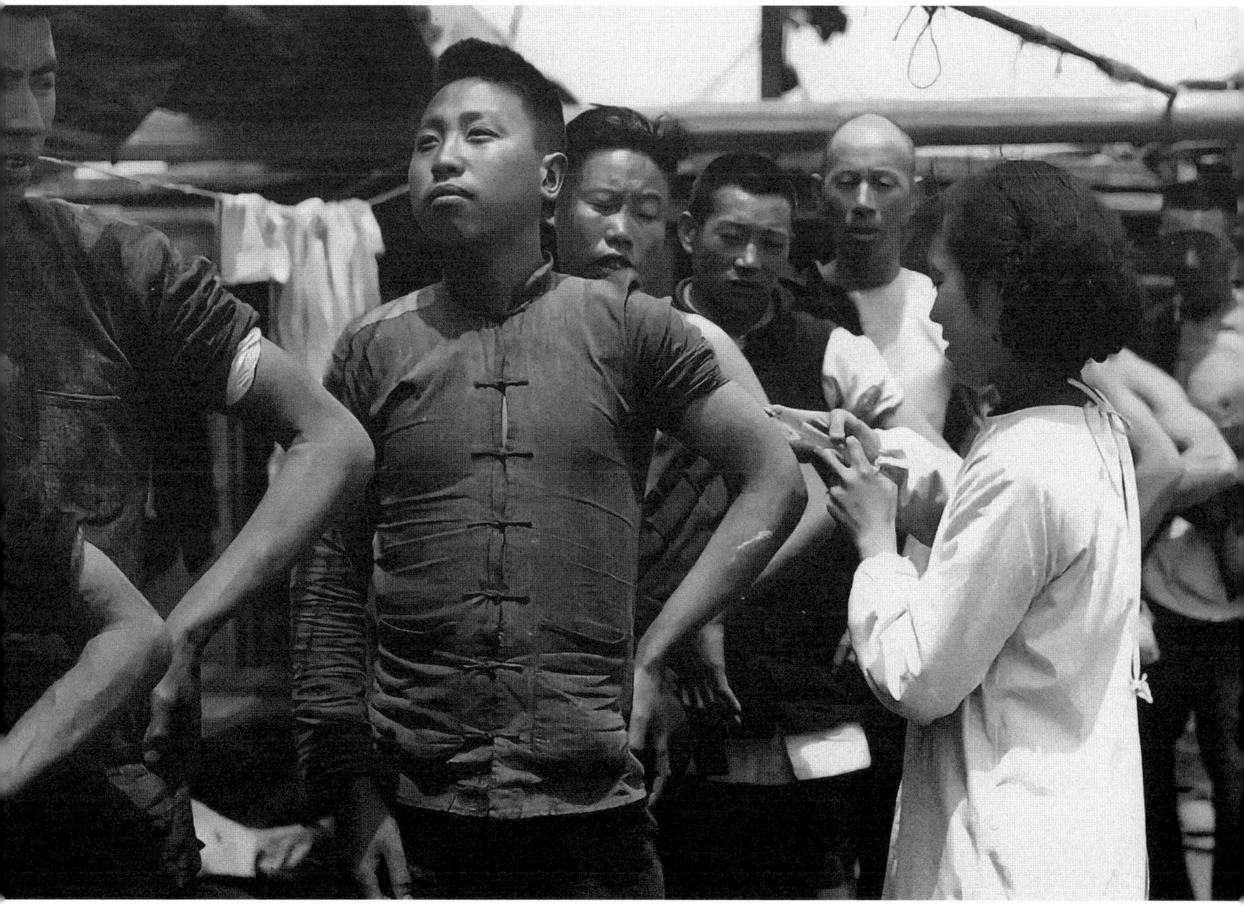

▲ 1946 年苏州河畔，防疫人员为船民等易感人群接种霍乱疫苗

能获得对这种疾病的抵抗力。于是，一种大胆而有效的人痘接种术出现。人痘接种术最早起源于10世纪的中国。18世纪，英国医生琴纳发现人类可以用牛痘来代替人痘，天花只有人类一个宿主，当牛痘接种推广开来，天花就没有了生存空间。据《上海卫生志·卫生防疫》记载，上海居民种牛痘，始于清道光二十六年（1846）第一家教会医院仁济医院设站施种牛痘。同治九年（1870），上海道告示禁止旧法种痘。光绪十六年（1890），租界工部局设立种痘分处免费施种。从1910年至1935年的25年间，华界施种牛痘143.5万人次，加上各医院及慈善机构接种人数，在250万人次以上。鲁迅曾撰有《我的种痘》一文，记述他第一次接种牛痘的经历。当时他两三岁，在绍兴老家种的痘，他还记得痘官的脸，“胖而圆，红红的，还戴着一副墨晶的大眼镜”。痘官说的话，他一点也听不懂，像是讲的“官话”，而他的模样，“是近于官的”。

▲ 1936 年，南京市儿童接受牛痘接种。有关工作人员正在给儿童种痘

▲ 1949 年，上海防疫注射霍乱疫苗的情景

在推广西方种痘技术的过程中，许多中国人因不了解西医的诊疗手段而顾虑重重，仁济医院的许多医者都担当了公共卫生知识的讲解者和科普者，江苏和浙江一带的医生都慕名前来学习。1929年12月，国民政府卫生部在上海部署防疫工作的会议，商讨华界、租界联合预防霍乱和接种牛痘等办法。翌年6月，全面推广免费注射霍乱预防针，就收到良好的成效。嗣后每年联合开展此项活动。抗日战争胜利后，始有较完整的接种统计。1946年元旦刚过，上海地区天花出现并有蔓延之势，此时担任抗战胜利后第一任上海市卫生局局长的俞松筠在媒体上刊文呼吁，“督饬所属，加紧种痘工作，曾盼一般市民，自动注意，从速接种牛痘”。1946年至1948年，全市预防接种霍乱疫苗706万余人次、牛痘苗52万余人次、白喉类毒素13万余人次、伤寒

菌苗54万余人次、狂犬疫苗1万余人次、斑疹伤寒疫苗500人次。小孩子种牛痘后，要在种了牛痘的胳膊外衣袖上缝制一个红色“小公鸡”或缀一块小红布，作为禁忌触碰的标志，表明是为禁区，应避免抓挠肌肤。此外，对于饮食也有不吃生冷辛辣食物的禁忌。有的地方风俗，种牛痘后，三年内不能吃鹅肉，否则便会易患麻风病。

非筹急赈即冬防

——公共卫生

历史上，江南地区遭遇疫情，上海总是首当其冲，不仅因为上海地处水陆交通要道，移民人口来自四面八方，更由于城市人口的急剧膨胀和高度流动性，早期城市环境污染十分严重，致使鱼龙混杂的十里洋场，一直面临着病毒和细菌的肆虐与困扰。天花、鼠疫、白喉、疟疾、霍乱、伤寒、痢疾、回归热、狂犬病、斑疹伤寒等各类时疫猖獗流行，几乎未间断过。统计资料表明，仅1880年至1938年的59年中，上海便有37年出现霍乱疫情。但是分析全国防疫的总体情况与数据，上海防疫的成效又是很可观的。以1932年全国性大霍乱为例：当时上海总人口313.4万，感染4 291例，染病率为0.13%，死亡318人，死亡率为7.4%，在全国范围内处于较低的水准。这主要归功于上海时疫预防及“公共卫生”的观念与行动。

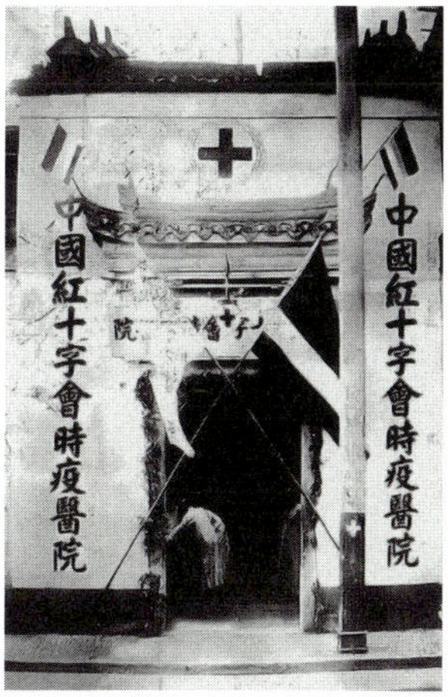

▲ 1922 年，位于上海天津路的中国红十字会时疫医院正门

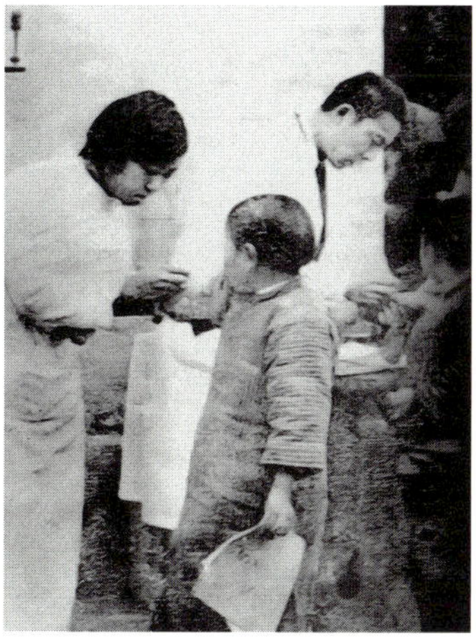
▲ 20 世纪 30 年代，防疫江湾卫生所为小学生接种牛痘疫苗

那时的上海出现了一个奇怪的管治格局，叫作“一市三治四界”，即一个城市

有三个实体管理机构，华界、公共租界与法租界，华界又分为南市与闸北。就上海整个地区而言，对于各种传染病的流行，这种格局如同“一人一把调，各吹各的号”，官方管理机构对于疾病的防治，力量是用不到一块去的，租界上的公共卫生观念虽然传播较早，但范围也很有限，华界公共卫生体系不够健全，当时上海的民间团体，各种社会力量主动承担起了传染病防治的责任，为防治传染病所形成的相对健全的城市卫生基础设施和“公共卫生”观念的养成，显得特别重要。

“公共卫生”是个舶来概念。民国时期，城区环境虽有所改善，但各种传染病流行时有发生，20世纪30年代，光是霍乱就曾有6次大的流行。1912年、1914年续有流行，1919年大流行，死亡680人。

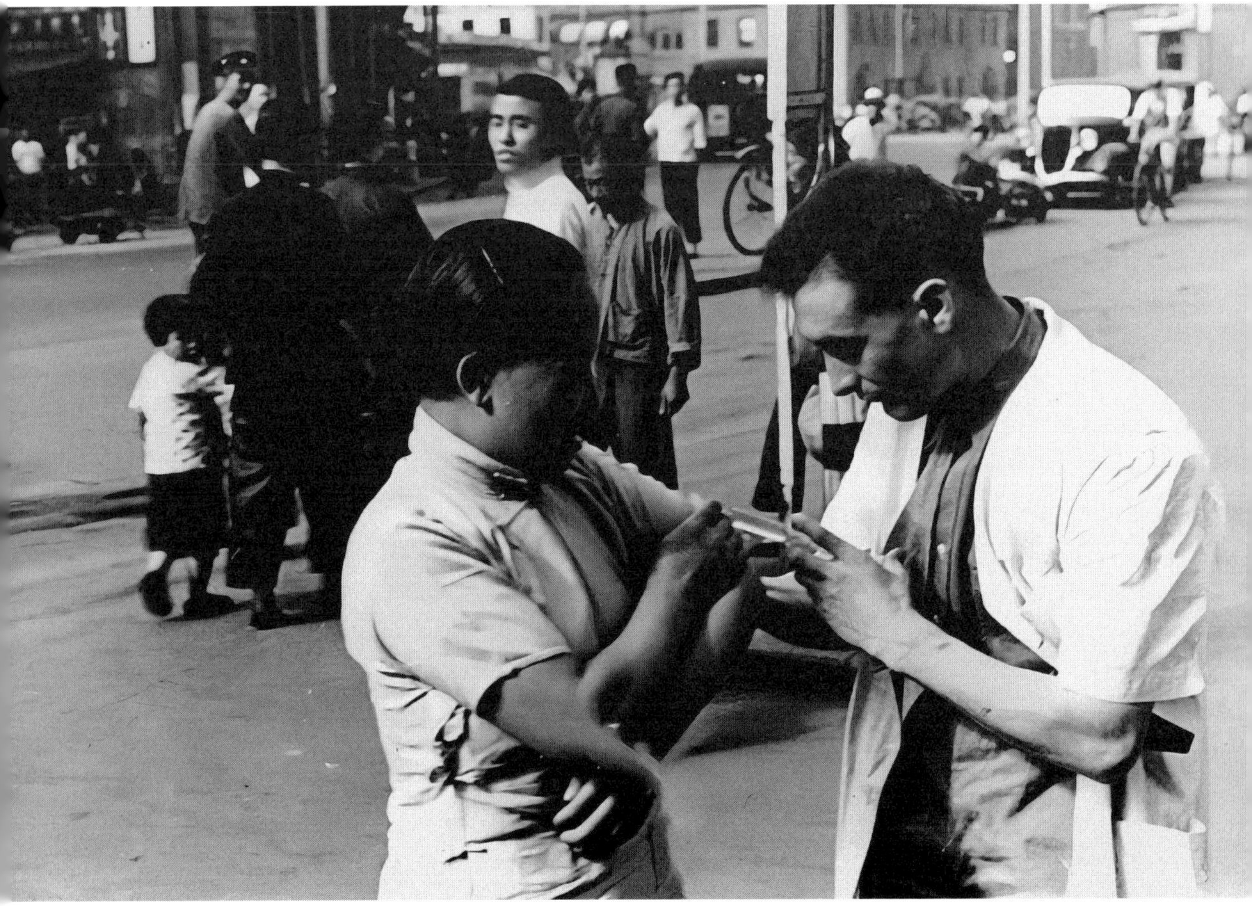

▲ 20 世纪 30 年代的防疫，驻沪外国医生免费给市民布种牛痘，注射霍乱预防针

▲ 20 世纪 40 年代，上海市关于预防霍乱、防治天花、消灭蚊子的宣传标语

▲ 1939 年，江苏徐州为预防霍乱，为民众注射疫苗

据1919 年7月28日《申报》报道：“（霍乱）疫症传染愈烈，蔓延愈广，全埠几有卷入漩涡之势，浦东洋泾一带，沪南十六铺地方均已发现时疫者，日本且已宣布上海为有疫口岸。”“浦东烂泥渡陆家嘴等处因疫死亡人数过多，贫者无力掩埋死尸，村口臭气逼人。”一般的疾病基本上只对病人及其亲属的生活发生影响，而传染病流行一旦发生，就会影响整个社会。为此，众多社会团体开展防疫宣传，投入防疫行动，全力重视与开展城市公共卫生服务体系的构建。重中之重，是饮水和食品安全，部分核心区逐步做到供水到户，从水源上降低了病从口入的危险。许多民间社团举行卫生运动大会，提倡公共卫生，同时举办各种卫生展览，以提高民众的公共卫生意识。将所有关于卫生问题之书籍、标本、图书、灯彩、影片及各种仪器陈列于青年会等有关展陈机构，供人参观，以督促市民养成良好卫生习惯，关心城市的公共卫生建设。

从1864年公共租界建起第一座公厕以来，重视城市环卫，将人畜的粪便管理起来，由专门队伍负责收集、清运，既保障城市卫生，又促进循环利用，逐渐形成制度。为了推广公厕使用，当局也想尽各种办法，甚至开展厕所设施竞赛。上海联益善会雇用清洁夫数名，打扫道路，每逢夏季，为除疫疠，有关会所免费为民众注射防疫药水。患者能尽快得到救治，有效降低疫病发生概率。另一支不可忽视的力量是时疫医院的建制——建设专门用于对付流行性疾病的医院。

民族资本、社会舆论等各种社会力量积极参与，每逢大疫，中外媒体倾力报道，动员民众投入抗疫之战。1925年盛夏上海突发霍乱。《申报》以大版面报道实况，提醒市民注意“疾病多为进餐生冷食物、露宿、身体双手不清洁”引起，天津路“时疫医院”也由此更名为“中国红十字会总医院时疫医院”。总院与分院医疗资源共享、人员物资通用。1932年上海大霍乱暴发之时，上海有时疫医院20所，其中17所为民间资本开办，多数时疫医院只是“候季而开诊”。

经过一次次抗疫洗礼，上海市民的卫生意识也不断加强。企业员工和市民群众还纷纷踊跃参加各类消毒队、灭蝇灭蚊灭鼠队、防疫队等，使上海的公共环境状况领先全国。不少来华人员和本土开明知识群体，大力呼吁改善公共卫生状况，并宣传文明生活方式和卫生习惯。时人冯文洵竹枝词所述，“非筹急赈即冬防，票友伶人义务忙”，时疫医院通过慈善义演的方式，为近代慈善事业与医疗事业的互动，架起了沟通的桥梁。

俗用稳婆嫌未稳

——妇幼保健

西式妇产科医院出现前，传统妇女分娩都是产婆老法接生，产前不诊断胎位，产时不消毒，产后不正确处理脐带，由于缺少科学的接生方法，妇婴死亡不可胜数。随着西方医学的传入、西方教会医院的创立及妇产科业务的开展，开始推行新法接生，保护了妇女与婴儿的生命健康。随着一批西侨在上海开办妇婴医院，以及本地医院设置了妇产科和采取保健措施，情况有了好的转变。1884年，在美国人玛格丽特·威廉逊女士的资助下，伊丽莎白·罗夫施耐德、伊丽莎白·麦基奇尼两位医学传教士在浦江之畔的西门外，创办了中国最早的妇女医

▲ 晚清时期，出席传教士举行的妇幼保健公益慈善活动合影

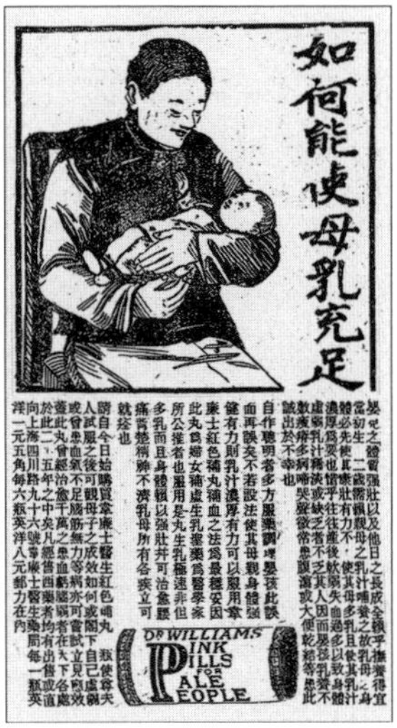

▲ 民国初年,《申报》文章《如何能使母乳充足》，载1916年11月17日第12版

院——上海西门妇孺医院，因初建院时屋顶是红色的，老百姓把这所医院亲切地称为“红房子医院”。

古语曰：“妇人分娩，性命攸关”，传统的接生婆“墨守古法，罔知变通，若遇逆产（难产）则不堪设想矣”。在西方医学观念影响下，江南沿海城市，西法接生成为时尚。有竹枝词对此赞赏道：“刚从蜜月罢行程，胎似奇花茁嫩萌。俗用稳婆嫌未稳，接生郎定女医生。”有了科学的接生新法，“稳婆”才变得名副其实，母婴的生命安全得以最大程度的保障，成为社会卫生事业的一大进步。

妇幼保健作为卫生事业的组成部分，上海市政当局设立妇幼保健公立机构，较早是1929年由上海市卫生局与中央大学医学院合办的吴淞卫生模范区，开展产前检查、产科接生、产后护理、婴儿健康、儿童营养等妇幼卫生业务，可以看作是当局办理妇幼卫生机构的滥觞，但其服务范围仅限于吴淞及其附近地区。1936年，市卫生局在沪南、沪北卫生事务所正式举办妇幼卫生事业，同年6月，在各区卫生事务所内设助产士，负责辖区内产前、产后检查和访视、免费接生以及育儿指导等。全民族抗日战争爆发后，中华医学会成立公共卫生护士部，从事抗日战争中难民的妇婴卫生工作，后该部又成立了以难民及贫民妇女为主要服务对象的妇婴健康指导所。抗日战争胜利后，当时的市政府于1947年以接收的筱崎医院原址成立上海市立产科医院，拥有床位60张。1947年，市卫生局又在位于海宁路96号的市立第二传染病院原址，建立了拥有床位100张的上海市立妇婴保健院（即今上海市第一妇婴保健院的前身），利用行政院善后救济总署拨给的产院设备接收贫苦产妇。当时的市立、公立综合性医院都已设有妇产科。但直到1949年上海解放前，由于医疗及经济条件所限，新式接生还不能在全市普及，产妇、婴儿死亡率仍然居高不下。

此外，上海作为一个繁忙的商业港口，1876年，工部局仿效日本，设立了性病医院，并对妓女进行有组织的体格检查。从1876年起，工部局在福州路建立了主要针对妓女进行定期检查，对患有性病的妇女和外侨进行治疗的性病医院。1938年，中华医学会公共卫生

▲ 20 世纪 30 年代，上海一平民妇女正在哺育自己的孩子

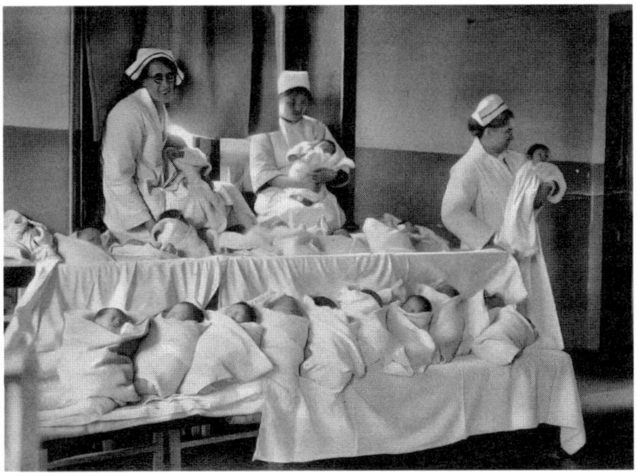

▲ 20 世纪 40 年代，上海红房子医院的护士与新生儿

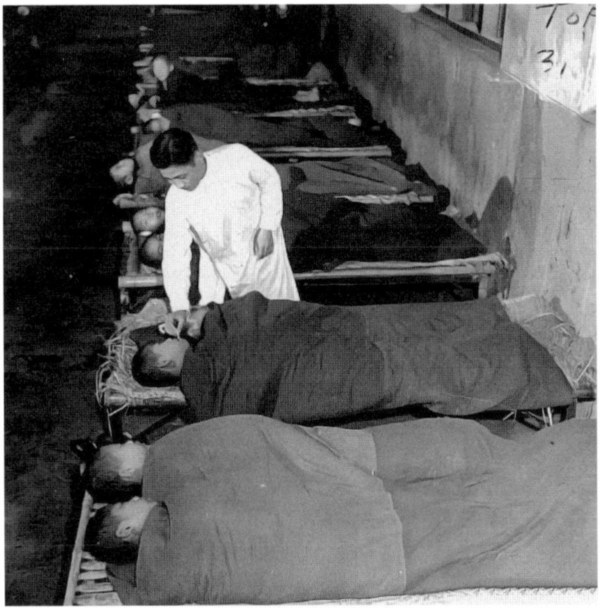

▲ 1946 年联合国难民营为上海儿童开设的临时救护医院

护士部妇婴健康指导所开展婴儿卫生检验等业务。民国时期的托儿所、幼稚园等主要由社团和私人开设，由市社会局加以管理，收托婴幼儿人数不多，部分纱厂附设有哺乳室。1948年，由中共地下党领导的儿童福利促进会以托儿事业联合会的名义举办保育人员培训班，受训人员成为新中国成立初期各机关、团体、工厂托儿所的骨干。1946年，上海市卫生局曾组织百余名医师对3万余名儿童进行免费检查，对有缺陷者进行免费矫治。1946年有学者对1 722例儿童体格发育的调查，上海婴幼儿及学童身高、体重增长曲线与北平及美国儿童颇为相似。

民国人口的年死亡率为3%，几乎是欧美国家的2倍以上，普通的民众因忽视个人卫生而被疾病困扰，其中重要原因就是“国民卫生知识不够，忽视个人身体健康”。当时一些医学院校自成立起，就筹办公共卫生科，建立公共卫生试验区等形式，面向社会开展医疗卫生服务。国立上海医学院公共卫生科的师生积极与上海市卫生局开展合作，在上海高桥、吴淞两地建立了乡村卫生示范区。在示范区内，上海医学院师生宣传卫生知识，进行新生儿数量统计，改善当地卫生环境，开展了大量公共卫生实践。公共卫生示范区的出现，不但改变了当地的卫生条件，并且为中国培养了大批优秀的公共卫生人才。

▲ 1914 年，中华护士会年会合影，钟茂芳是唯一的华人

看护人能色候稽

——护士护理

中华传统文化中包含着丰富的人道主义思想与精神，如成书于西汉末至东汉初时期的书《春秋纬元命苞》，宋均注，全书已佚，明代以后有多种辑本。该书提出了一个重要思想：“护者，救也”，可以理解护理是在生命、心理、疾病等过程中间加以紧急施救的含义。传统中医学，也蕴含着极其丰富的护理学内容、方法、理念和思想，产生了整体施护、辨证施护、阴阳调护等学说，而且长期以来一直有广泛的应用，中医护理思想于卫生、起居、活动、情志、饮食、心理、药物、推拿、寿老、胎教、育儿等方面的内容都有一定广度、深度的历史记载。《黄帝内经》和张仲景《伤寒杂病论》两部经典医学著作，记载了护理的理论概括和基础调护、技术操作和辨证施护等原则，为后世中医护理学的形成奠定了基础。然而，历经唐宋元明清诸朝代的沿革与发展，中华医学中的护理思想，没有得到充分的阐发，以至于与世界主流的医学和护理学形成一定的差距。

1855年英国人南丁格尔，为从事护理工作的妇女开辟和创建了一个崇高的职业，她建立了护士巡视制度，详细规定了护理原则与操作方法，南丁格尔女士为此付出了极大的精力和心血。每当夜幕降临时，她总是提着一盏小小的油灯，沿着崎岖的小路，在4英里之遥的营区里，逐床查看伤病员。那些受伤的士兵们亲切地称呼南丁格尔为“提灯女士”“克里米亚的天使”。1860年，南丁格尔在圣托马斯医院创建了世界上第一所正规护士学校，从该校毕业的护士在世界各地又创立了一所又一所南丁格尔式护士学校，1884年，第一位美国传教护士麦克奇尼来到上海传教，倡行南丁格尔式护理，并于1886年开办了护士培训班，从此，南丁格尔式护理理念作为国际护理思潮，对我国现代护理学的兴起，起到了重要的启蒙与示范作用。

▲ 1932 年，上海护士在为伤员护理包扎

▲ 1925 年上海红房子医院护士合影照

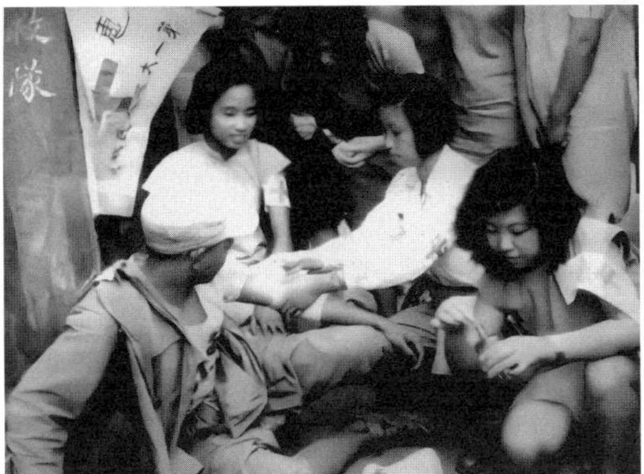

▲ 1949 年，上海市民自发为受伤的解放军战士包扎伤口

晚清留洋学员陈寿彭在游学欧陆期间，曾目睹欧洲国家医院的陈设与护理，他将所见所闻以竹枝词形式记录下来，形成了《欧陆纪游》系列，其中有一首云：“医院横陈病榻齐，任凭救治奏刀圭。不须孝子亲尝药，看护人能色候稽。”说明医院里的医护团队，是一群有温度的人，女护士包括一些男医生，他们用专业的知识和技能，为病人提供救死扶伤的护理服务，她们每一个微小的关怀，都是唤起病人生活下去的一道亮光。

自实行中西通商，基督教传教士传播护理文化，创设女子护校，当西医输入中国，设立医院及护士教育，开创女子新职业途径，促进了中国护士组织的创设。1909年我国成立了中华护士会，1915年开办护士学校

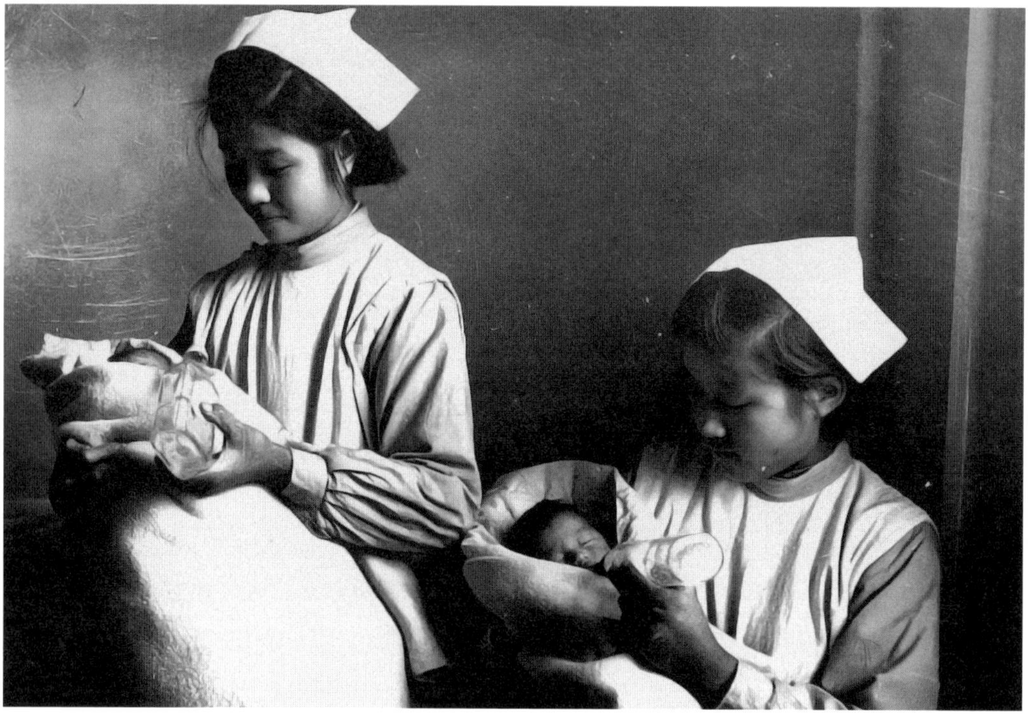

▲ 1948 年，上海私立普济医院护士叶懿昌与瞿丽梅在护理婴儿

登记，该会会员达 5 000 余名。在南京设立总会，主办《中华护士季报》刊物，护士会召开大会，拟定了章程，改名为“中国看护组织联合会”， 这是我国护理工作成立最早的学术团体之一。1914 年，在上海举行的第一届全国护士代表大会中，选举盖仪贞为该会会长，我国历史上第一位留学国外接受护理教育的女性钟茂芳为副会长，信宝珠为兼职总干事。那次护士大会，钟茂芳等人与汉学家广泛协商后，提出将英语“nurse”一词从“看护”改为“护士”，“护”意味着关心、保护和照顾，“士”代表知识分子或学者，“护士”即一个知道如何去爱抚和照顾别人的人。从此“护士”成为一个护理学者的职业。1922年，国际护士会接纳中国护士会为第11个会员国，在国际上取得了应有的地位。

1927年之后，南京国民政府将护理教育纳入国家正式教育系统。1928年上海南市普益社开风气之先，聘请蔡元培先生之侄女蔡永英女士为第一个公共卫生护士，使得上海公共卫生基层工作大有起色。1932年，南京开办了中央护士学校，学制3—4年，招收高中毕业生，是我国第一所公立的护士学校。1934年成立中央护士教育委员会，将护理教育改为高级护士职业教育。护理教育从此被纳入国家正式教育系统。到1935年，我国政府已经建立了约30所护理学校，护理毕业生人数稳步增长。1936年，经国内外护士团体及个人集资，在南京建成一幢护士学会大楼，同年召开第13届全国委员大会，宣布自本届起“中华护士会”改名为“中华护士学会”。20世纪30年代之后，上海及江南的公共卫生事业的发展进入一个新阶段。

广告宣传未免夸

——诊所药贩

民国时期，缺医少药，除了那些教会医院外，公立医院很少，大量的是私人诊所，私人诊所行医，包括中医、西医、牙医、妇科、外科、伤科之类，只需向政府主管当局登记备案，具备相应资质和条

▲ 20 世纪 30 年代，上海西藏路九江路口转角处毛志祥牙医诊所

件，即可开业。当然什么手续也没有的江湖游医，也是存在的，官府查究起来，拿点银钱，买通关节，照样可以行医。相对而言，一般的诊所，是很讲信誉的，不少是有着盛名的世医之家，有的医生既有家世从医背景，又去国外留洋，拿了硕士、博士学位回来的，他们当然医名甚隆，顺风顺水。在祖上声名的荫庇下，很快就能站稳脚跟。不过，对多数没有长辈光环笼罩的学医者来说，要想经营诊所、赢得病家信任，站稳脚跟则并非易事。

▲ 20 世纪 30 年代，马路上的西医摊位老照片，上书：西医高仲三，内外两科，以及医院红十字标识

▲ 20 世纪 40 年代，上海街头的江湖郎中，一般都自称有祖传秘方和医疗秘技

从执医形式来看，独立开设诊所是民国时期多数执业医生的梦想。首先得有足够的经济实力，背后可能还得有当地名医的青睐与指点，能够通过行政当局考核的标准和开业条件。开业时请当地名人大亨为其站台背书，登报介绍。行医一要靠医术，二要有信誉，而这两方面都需要社会影响力作为支撑。例如，在上海租界内开诊所的冯固，1913年出生于宁波慈溪，13岁时随兄长一家来上海打拼，14岁时考入南洋医科大学，1933年医学本科毕业，后被日本东京帝国大学医学部录取为研究生，经过四年的刻苦学习之后，准备再继续深造时，1937年日本侵华战争爆发，冯固毅然放弃即将摘取的医学博士桂冠，决定回国，为苦难深重的祖国服务。此时上海已沦为“孤岛”，冯固未去学校执教，他怀揣医生执照，招聘两名护士，在租界内设立私人诊所，为附近民众看病治疗，祛病疗伤。另一位是民国名媛唐瑛的父亲唐乃安，是清政府获得庚子赔款资助的首批留洋学生，也是中国第一个留学的西医，其母是金陵女子大学首批毕业生。唐乃安回国后在北洋舰队做医生，后来在上海开私人诊所，专给当时的名门望族看病。

▲ 上海 20 世纪 40 年代的街头药贩和交易

民国时期还有大量略通医术，却又开不起诊所的人，就到药店当坐堂先生，由于病人需要到药房抓药，坐堂先生也就有了检读其他医师所开药方的机会，几乎每张药方都看，认真揣摩，也能学到许多本领。一些乡村古镇上的诊所，尽管乡民求医非常困难，但穷苦的农民病后时常请不起医生。这些行医者救死扶伤，为当地民众提供医疗服务，向社会劳苦大众、弱势群体施以援手。

▲ 1946 年，上海街头药贩子售卖虎皮、虎骨等名贵中药

纵观民国时期的私人诊所，可以用“良莠不齐，门派林立”来概括，一部分执业者实实在在地以自己精湛的医术医道来治病救人，默默无闻地付出自己的努力，也有一些借医学诊所之名，行蝇营狗苟之事，沽名钓誉，做着人间不齿的无耻勾当，这支庞大的医疗诊所队伍，可以说是泥沙俱下，鱼龙混杂。医者仁心，医生本以救死扶伤为天职，医院本是关怀生命的所在。不以医术救人却假以医术之名，以骗术之行牟利的故事在民国时期屡见不鲜。民国时期的《中国黑幕大观》中就揭露过其中的种种黑幕：那时候的“托儿”假装在药摊上买药，用欺骗的方法引诱患者及路人误入歧途，把患者骗到一些无良诊所去看病，对患者进行恐吓、敲诈，甚至抢夺财物。还有“某滑头者，药店伙也。落魄无俚，乃悬壶于上海之六马路，专治花柳诸毒。”怕别人不信，还会捏造一些显宦颂扬的匾额，如“著手成春”“药到病除”之类，悬室中几满，信誓旦旦地赌咒：“如有诳语，天诛地灭、雷击火焚、男盗女娼、绝子绝孙。”如先承诺先交费治疗，3个月内治好，个别治不好的给予免费治疗直至治愈。结果还是病没治好，病家钱已交了，款子就是不退，所谓免费治疗直至治愈也是一纸空文。

医药广告中虚假和夸大推销的现象，就更为比比皆是了，时人作竹枝词所言：“西医门市百余家，广告宣传未免夸。儿妇两科谁妙手，肯堂王氏太平沙。”还有一首竹枝词写道：“能医麻毒太奇新，广告街招着手春。易氏沃林（指医药广告）传妙药，却教依旧有疯人。”这种带有虚假信息的医药广告，能够大行其道，一方面是民众对虚假信息的甄别能力很低，另一方面更是当局对虚假广告听之任之，监管缺失导致了广告市场的混乱。

第七章

移风易俗和生活习惯的变革

江南民众的生活传统，尤其是成为民众日常生活规范的社会习俗，是一股不可小视的强大的、持久的力量，因为它来自几千年形成的日常生活习惯势力，形成了中国民众深厚的日常生活文化。由于社会传统习惯势力的强大与顽固，往往超出当政者的想象，它对社会的影响是无形的、持久的、深厚的，经常会迫使社会行政当局逐渐改变激进行为，不得不采取妥协与调适态度。所以，民国时期采用扫盲识字、禁烟戒毒、公厕改造、劝学戒赌、清洁卫生、厚养薄葬、反对弃婴以及推行“新生活运动”等一系列措施，强调从民众的日常生活细节入手，要求人们讲卫生、守秩序、知荣辱，旨在改变一些不良的社会习俗，来推行移风易俗运动，对民众的传统陋习既不能一味姑息迁就，也不能采取简单粗暴的行政命令手段。关键在于“提高国民知识道德”，从衣、食、住、行等小处入手，从改造民众的日常生活习惯起步，最终让整个社会生活井然有序，逐渐形成民族进步的凝聚力量。但“新生活运动”被当时的政府赋予了太多的政治意图，其复杂的政治背景，缺乏民众基础和形式主义等问题，最终也未能实现其预期的目标。诚然，人民有信仰，国家有力量，民族有希望。人民共同的信仰是国家和民族存续与发展的精神纽带和力量源泉。

江南市镇是地方社会的代表性区域，民间艺术、庙会戏文、婚姻俗例、节日民俗、丝竹礼仪等构成了江南地方社会五彩斑斓的历史画卷。例如迎神赛会是全国各地普遍存在的民间信仰祭祀活动。江南地区因其商业发展，出现了总管、李王、周神、猛将等民间神祇新旧生活习俗并存的局面，中西生活方式同在，舶来的洋货受到追捧，有人甚至主张全盘西化。各种礼俗发展呈现出不平衡的状态，在大城市出现了“文明婚礼”和“集体结婚”……

然而，在广袤的城乡大地，由于政府大力提倡创办实业，重商之风大起，商人的地位大大提高，更由于社会风俗的庞杂和无序，也因为奢侈之风渐起，对社会产生了很大的负面影响……民国时期旧式的传统礼俗尽管存在着许多弊端和陋习，有时甚至还占据着主导地位，但符合社会发展方向的公序良俗，公道自在人心，也显示了它的发展潜力。两者之间的调适与平衡，是一个需要不断形成共识和认同的历史任务。

▲ 1920 年上海周边地区学习认字的孩子

勤力读书礼义通

——识字扫盲

几千年来的中国社会，崇尚“万般皆下品，唯有读书高”，向来将读书识字看得十分神圣，儒家传统影响下的中国社会一向“崇文”，且有长达千年的“耕读传统”，不过，读书与受教育，基本上是有钱人的事，平民百姓因为贫困，整个社会不重视、也难以重视穷人孩子的受教育问题。受制于各种现实条件，长期以来，读书识字都只限于少数精英阶层，识文断字也主要垄断在精英阶层手中。可以说，一直到新中国成立之初，文盲一直是几千年来中国社会一个普遍的社会现象。

早先西方传教士随着列强来到中国传教，他们不遗余力地开办学校、出版报纸、印刷书籍，为的是扫除他们传教的文化障碍。新教改革的一个重要特征就是注重人们识字，只有识字才能满足阅读圣经的需要，而不识字也就谈不上认识什么教义。中国人开展的“扫盲识字”源自19世纪末，清末一些维新的新派人物，在阐述发达国家富强之途时，强调“鼓民力、开民智、新民德”，戊戌变法期间，维新派人士就提出了提倡“白话文”的议题，梁启超在《论幼学》中指出：“古人文字与语言合，今人文字与语言离，其利病既缕言之矣。今人出话，皆用今语。而下笔必效古言，故妇孺农氓，靡不以读书为难事。”作为教育家，梁启超率先意识到民众的识字，不仅仅是文学问题，而是中国向现代化转型的核心问题。

开始于晚清、民国时期如火如荼的扫盲活动，不是以科举或应试为目的，主要是面向社会不识字人群，包括城市下层不识字的人群，具体实施这项扫盲工作，主要采用开办民众学校和面向全社会的教育形式，如民众教育馆、民众阅报处、民众识字处等不同的方式来办理。应该承认，从1928—1937年的十年间，民间扫盲与识字运动确实也取得了一定的成效，有组织地开展扫盲、“送字下乡”就成为时代的要求。当时人们引用增广贤文前贤“劝世文”：“七岁窗前去破蒙，勤力读书礼义通”，来引导人们读书识字学文化。

1937年出版的《辞海》解释“文盲”词条谓：“文盲，谓不识字之人也。有目者见文字不识等于无目，故曰文盲。”尽管近代许多学者对“文盲”进行各种解释和解读，但“文盲”的概念总是和“目不识丁”联系在一起。如果现代社会解读“文盲”，含义要复杂很多，可能不仅是目不识丁，还有“文化盲”“文明盲”，前者是人文教育匮乏，后者是不知文明为何

▲ 1933 年的浙江绍兴县（今绍兴市）大街上县立民众教育馆开展扫盲识字活动

▲ 20 世纪 30 年代的平民教育运动推动了妇女识字的进程

▲ 民国时穷人家的孩子学识字

物，这是题外话了。

说工农大众都能听懂的话，写贩夫走卒都能明白的文字，高举“德先生”和“赛先生”的大旗，就必须进行全民启蒙运动，唤醒整个民族，为中国人民打开新世界的大门，重新塑造一个朝气蓬勃的新中国。民国时期社会层面的推广识字运动，各种形式的“义学”、民众学校、识字扫盲班如雨后春笋般地出现。江南陶行知和北方晏阳初等有识之士都在20世纪20年代不约而同地发起了平民教育运动，其实就是以识字教育为主的运动，号召“除文盲，做新民”，具有强烈的社会改造色彩。

乡土社会是一个由熟人构成的“面对面”的社会，许多时候，可以直接说话，而不用注意写作；可以面对面往来，运用许多非文字的“特殊语言”，使得统一的文字符号并不总适用于乡土生活。近代以来，西方文化东来，乡村传统生活生产方式与社会结构受到猛烈冲击，政局的持续动荡导致乡村社会问题不断恶化。即使在素称富庶的江南地区，破败景象也颇为触目。虽然社会上的文化人与教育家们，竭尽所能地大声呼唤对落后的教育进行改革焕新，但终究受制于连年战乱和崩溃经济，理想的教育改革根本就无从高质量地实现，即使是在南京政府控制区，文盲率也是居高不下，乡村建设运动在不改变土地制度的前提下，试图谋求社会的改良进步，是不可能做到的。

事实证明，只有进行社会的根本改造，才能拯救近代中国。1945年，在中国共产党第七次代表大会上，毛泽东在《论联合政

▲ 民国时的识字班

府》的报告中特别提出：“从百分之八十的人口中扫除文盲，是新中国的一项重要工作。”新中国成立后，中国共产党多次组织大规模的扫盲与识字运动，才最终完成了这个历史任务。

七八十家互往来

——民间馈赠

中国自古以来就是一个非常重视人情和礼节的礼仪之邦，向来重视“关系”，这种关系包括着血缘、地缘、情缘等基本伦理关系，也包括契约关系、政治关系等。如何更好地处理这些关系，成为古往今来的人们非常关注的问题之一。“礼”是相互致意或者表达友善的纽带，至爱亲朋、同窗好友、亲密同事、远方友人，逢年过节，相互走动，也属于人之常情。清末廉吏、被称“循良第一”的牛树梅写年俗的竹枝词云：“七八十家互往来，忽闻锣钹已相催。逐辈分行官节见，人人各带笑容回。”就描绘了一幅祥和鲜明的礼乐特色与生活状态。如同民国时期的思想家梁漱溟曾经说过的：“吾人亲切相关之情，发乎天伦骨肉，以至于一切相与之人，随其相与之深浅久暂，而莫不自然有其情分。因情而有义。父义当慈，子义当孝，兄之义友，弟之义恭。夫妇、朋友，乃至一切相与之人，莫不自然互有应尽之义。”

传统社会里，人际交往中的送礼和受礼，一直很受重视。对大多数民众而言，民间相互馈赠，也是普通民众相互之间的一种情义的表现，互相之间提供了一种培养维持和扩展其关系网络的基本方式。礼物或礼品交换，构成了一个道义经济的体系，道德原则常常超过经济价值量的考虑，你对我有礼了，我也回敬你礼，在绝大多数情况下，送礼和受礼，功利性的考虑要远远低于道德的考虑，不是计算礼品的经济价值，而是兼有人际关系、人情及心理上的考量。人们相互之间

▲ 晚清画家吴嘉猷所绘中秋节民间馈赠图《羹分玩月》

▲ 晚清上海街头卖点心的小商贩，传统的糕点加上传统的包装

的礼物交换，创造、维持并强化了社会关系结构，私人关系网络的强化，又反过来增强了礼物在建构人际关系中的作用，因为礼物的收受，一般发生于非正式场合，也能恰到好处地表达人与人之间的私人关系之亲密程度。

▲ 1925 年 11 月，上海虹口一家礼品店展示餐具和桌布礼品

▲ 20 世纪 30 年代，食品包装纸，俗称“仿单”

▲ 1937 年，上海大街上卖礼品的小贩对着镜头傻笑

可以说，从有文字记录的中国文明史起，便有了“礼尚往来”原则，并且以此作为处理社会生活与人际关系的一个基本出发点。它的含义有两层，其一，是防范“民至老死不相往来”之弊；其二，维系一种人际关系的平衡，以杜绝心理的倾斜和行为的偏颇，所以礼尚“往来”，来而不往非礼也，这是一种为防范“施而不报”行为的对等原则。民国时期强调了礼尚往来，自卑尊人，将古时的宴饮礼节益化为民俗，民间、百姓的聚会，都不仅是为满足口腹之欲，还有更深层的目的，即通过一起宴饮来沟通和联络感情，增进友谊，提升道德情感。此外，民国年间是书信发达的年代，鸿雁传书，也是藏在尺牍中的人情与礼俗。

对于施予者，可以“施而不望报”，但对于被施予者，则有了“无德不报”作为接受施予的伦理依据，和作出酬谢反应的心理动力，正如《诗经》所言“投我以桃，报之以李”。不难看出，“礼尚往来”“无德不报”和“施而不望报”，三者构成礼仪往来环节上的一个紧密链条，相互联系又相互呼应，从而成为一个极为理想的人际关系模式。而“礼尚往来”“投桃报李”原则，正是每逢岁时吉庆、四民百姓纷纷相问以遗、形成风尚的一个重要的心理来源。“投桃报李”原则给民间馈赠习俗一个基本的伦理规范，即真诚相助，有德必报。前者是后者的前提，这在馈赠礼俗中是极重要的一点。

民国时期人际交往中，许多地方流传着送礼的“顺口溜”，叫“东西六不送，送了人才空”。第一，不能送的是钟表。那时的人们认为把时间送给别人会折自己的寿，而对于被送的一方来说，钟与终谐音，送钟就等于送终，不吉利；第二，忌讳送鱼缸。看到鱼缸，就会联想到水和鱼，而水如同泉，也同钱，鱼与余同音，对农人来说，鱼也意味着福分，送鱼缸好比把自己的福气给送出去；第三，花是人们日常送礼中最常见的一种礼品，玫瑰花，牡丹花，百合花，送什么花都行，唯独不能送菊花。菊花通常是送给先人的祭品；第四，不随便给人送鞋。老辈人甚至说，宁可躺别人躺过的棺材，也不可以用别人穿过的鞋子，也许鞋与邪谐音，容易让人想得太多；第五，不送蜡烛，旧时蜡烛是照明之源，被当作祭祀之物来使用；第六，是送礼原则，重礼不送贵人，有钱有身份的人家从来都不缺贵重物品，你体现出真心实意即可。

座中争起示谦虚

——礼貌交往

民国建立后，废除了封建专制主义的皇帝，提倡人人自由平等，在社交礼仪上就废除了体现尊卑等级的跪拜礼及落后的见面礼仪，取而代之的则是握手、作揖和鞠躬等新式现代礼节。1840年鸦片战争爆发后，西风东渐，西方的价值观、思想文化慢慢地进入到中国，也影响到中国人的礼仪之风，其中就有见面时的握手、脱帽、鞠躬等礼仪。

且说握手礼，它的起源说法颇多，其中有一种说法是，早在新石器时代，手拿棍棒的人们，当他们遇到陌生人，并无恶意，这时候，他们见面会放下手中的武器，将手掌摊开，甚至让对方来抚摸自己的手掌心，表示自己的友善。另有一说是中世纪的欧洲各国骑士，穿着覆盖全身的盔甲，以便随时上战场作战。两个骑士见了面后，为了表示友好，便在走近时脱去右手的甲胄，伸出右手，表示友好。长此以往，就产生了握手礼仪。演变到后世，握手礼仪简洁方便，成为很实用的见面礼节。

1912年8月17日，临时政府发布民国《礼制》：男子礼为脱帽鞠躬。庆典、祀典、婚礼、丧礼、聘问，用脱帽三鞠躬礼。在公宴、公礼式及寻常庆吊、交际宴会，用脱帽一鞠躬礼。寻常相见，用脱帽

▲ 20 世纪 30 年代，上海周边村民迎接绅士回家，互致鞠躬作揖礼

礼。女子礼适用第二条、第三条之规定，但不脱帽。寻常相见，用一鞠躬礼。民国政府明确采用握手鞠躬，以取代等级分明的作揖跪拜礼仪。就这样，握手成为了官方和民间普遍的见面礼仪。

礼仪是社会风气的风向标，从等级森严的交往，到平等自由文明的行为举止，逐渐采用西方的握手、鞠躬取代等级界限鲜明的跪拜礼。在称呼和称谓上，也逐步采用平等的“先生”“同志”，取代尊卑贵贱森严的“老爷”“大人”，毕竟在社交中，需要人格上的平等。

民国时期女性开始在社会生活中扮演着重要的角色，人际交往展现出与前清不同的社会图景，看民国初年的报章，这方面的表述可谓比比皆是。刘豁公《上海竹枝词》写道：“有美姗姗入电车，座中争起示谦虚。皤然一老当门立，众客缘何不让蘧。”作者自注道：“电车中人多如鲫，后至者往往不得坐位则立而乘之。妇女荏弱不任颠播恒有倾介之虞，故男客中之有知识者必以座位让之，虽师欧人风尚，实亦人道主义。然颁白者之不任颠播，实较妇女为尤甚，座客竟不之顾，抑又何也。”这显然是西方“女子优先”绅士礼节的传入而导致的一种新风尚。但刘豁公提出诘问的是，既然知道给女性让座，为什么又忽视了对男性老翁的照顾呢？！

▲ 1936 年京昆剧表演艺术家梅兰芳穿着马褂与来沪的卓别林亲切握手

▲ 1938 年“八百孤军”团长谢晋元（左）参加网球友谊赛，和他握手的是网坛名将韦镇兴

刘豁公显然对这种情形是不满意的，看似是一件日常生活的小节，实际上却反映了社会风俗在近代化过程中的巨变。工业化、商业化的新型物质生活，也带来生活观念和生活价值

▲ 20 世纪 40 年代上海商界的商人互相交往，通常采用握手礼，以示紧密合作

▲ 1947 年 10 月 1 日，中国福利基金会与中央银行俱乐部举行游园晚会，宋庆龄女士出席主持，影星担任义卖工作。图为宋庆龄与胡蝶握手

的变化，对西方礼仪的效仿，甚至到了无以复加的地步，民国时期对握手礼非常重视，并且全面效仿西方，有很详细的握手礼仪之规：“与位高于我者见面时，必由位高者先伸手”“与妇女见面时，必须由妇女先伸手”“与妇人见面时如对方伸其手作下垂式，必须握其手而吻之”“女子可着手套与人握手”“握手时不可混杂，尤忌作交叉式，如忙中偶尔失检必须重为之”等；再如行脱帽鞠躬礼，如果一方为了表示恭敬，则必须向对方行脱帽鞠躬礼。受礼者一般同样鞠躬回礼，位尊者则略微欠身点头即可。脱帽鞠躬礼的行礼方式是双腿立正站姿，右手握帽子前缘中央将帽子取下，上半身向前倾斜一定幅度后恢复原状。其鞠躬幅度与表达的敬意成正比。这些礼节的细节，其正式与周到，甚至比今天更为讲究。

在民国时期，如果是首次登门拜访，客人应该携带名片便于通报。如果被拜访者地位较高，还应该在拜访前打电话或者去信征求其同意才可。首次拜访时间不宜太长。被访者一般应于随后几日回访以示礼貌。在比较熟悉的亲友之间，宾客礼仪要简单得多，但其中有一些还是必须注意的。如《弟子规》所说的“将入门，问孰存，将上堂，声必扬，人问谁，对以名，吾与我，不分明”，直到今天，虽然居住形式、生活方式发生了巨大变化，但其中体现的交往规则还是有启发意义的。

▲ 晚清上海徐家汇圣母院大门，圣母院下属有育婴堂

可怜习俗不知非

——弃婴收容

自古以来，弃婴，特别是溺女婴，是中国民俗中的一项陋俗和顽疾，且形成严重的社会问题。清末笔记《松荫庵漫录》中有首《戒溺女歌》云："劝君莫溺女，溺女伤天性。男女皆我儿，贫富有分定。……古往今来多杀机，可怜习俗不知非。人命关天况骨肉，莫待白首泪沾衣。"这段文字劝诫溺杀女婴的理由，还是很功利，没有接触到社会溺女婴行为产生的真正根源。

清代江南的弃婴，特别是溺女婴现象一直非常严重，及至晚清民国发展到巅峰。究其原因，人多地少引起生存危机是一大经济因素，著名社会学家费孝通《江村经济》中就分析了江南农村溺女婴的问题：自清代乾隆嘉庆年间人口暴涨以后，长江三角洲和太湖流域的人口已经达到了农业社会所能承受的极限。"按照当地的习俗，孩子长大就要分家产。有限的土地如果一分为二，就意味着两个孩子都要贫困。通常的办法就是溺婴或流产。人们并不为这种行为辩护，他们承

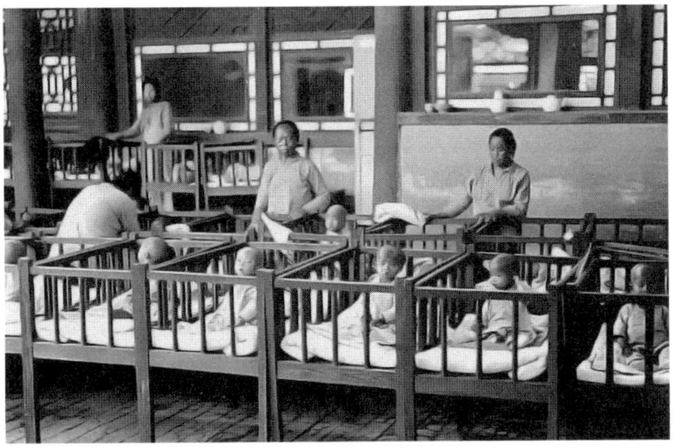

▲ 晚清时期，上海徐家汇育婴堂收养弃婴的内景

▲ 晚清时期，徐家汇圣母院担负着育婴孤儿之责

▲ 在育婴堂用餐的幼儿

认这是不好的，但又有什么办法避免贫穷呢？”加上根深蒂固的男尊女卑、重男轻女思想盛行，男子是主要的壮劳力；而女性则被认为是“赔钱货”；《清稗类钞》上记载：“溺女恶习，所在有之，盖以女子方及笄许嫁时，父母必为办嫁妆。富家固不论，即贫至佣力于人者，亦必罄其数年所入佣资，否则夫婿翁姑必皆憎恶。”等到出嫁之后，赶上新年、夫家长辈们过生日，只要有个名目，娘家就要出钱出礼，……吴承志在《江阴保婴局记》中所言：“有贱女之习，产者着恶之，而贫民尤甚，于是相率而溺焉。”

常有父母不得已将自己的亲生骨肉特别是女婴抛弃的现象。不做溺杀，狠心的父母会将婴儿放在篮子里，抑或放在河岸边，或挂在小路边的树杈上，希望有好心人拾到收养。在军阀混战、民生凋敝的年代，粮食短缺，生活困难，百姓通过溺弃婴儿的办法来控制家庭人口的现象时常发生，“卖女鬻儿者甚多，儿童流落街头者比比皆是”，溺弃婴儿的行为更是屡见不鲜。

“左联五烈士”之一、青年诗人殷夫的诗集《孩儿塔》收录的诗歌创作于1924年至1929年之间。1930年1月初，殷夫将《孩儿塔》呈鲁迅审定，并请鲁迅作序。这本诗集，勾画了阴冷沉郁的意境。

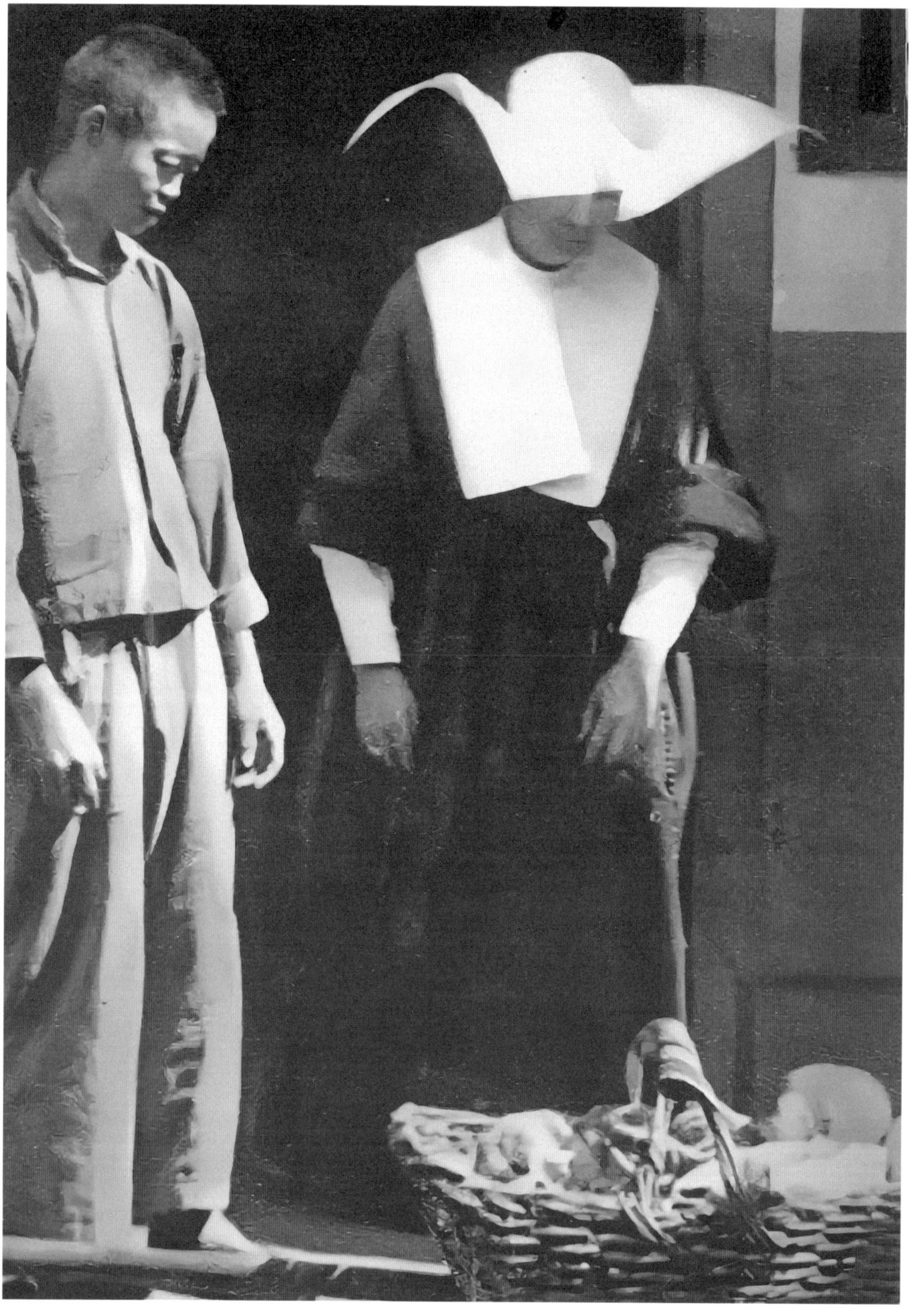

▲ 20 世纪 20 年代，丢弃在教会门前的弃婴，通常有个竹筐安放，故有“竹筐婴儿”之称

它所描绘的主题就是一种旧时江南奇特建筑，民众自行搭建的所谓的弃婴塔。通常人将修建在山林或者是田野间的弃婴塔，称为“义塔”——孩儿塔。鲁迅先生对这部诗集撰写序言，并做出了极高的评价：“这是东方的微光，是林中的响箭，是冬末的萌芽，是进军的第一步，是对于前驱者的爱的大纛，也是对于摧残者的憎的丰碑。一切所谓的圆熟简练，静穆幽远之作，都无须来作比方。”（鲁迅《白莽作〈孩儿塔〉序》）殷夫是浙江象山人，1920年到1923年，他在象山县立高等小学读书时，常由此经过象山山脚、坑边等处的乱坟岗，其中有一座离诗人故乡大徐村不到二里地远的孩儿塔，这座塔给他留下了深刻的印象，贫穷人家将死去的婴儿从孔中丢入，好让早殇的灵魂有个安息之所。所以诗人说孩儿塔是“稚骨的故宫”。死婴已经“被世界遗忘”“呼喊已无迹留”。婴儿塔的背后，折射出的是旧中国杀婴的恶习。晚清民国，战火不断，百姓流离失所，不知多少人“抱子弃草间”者，留下了难言的伤痛。

时至19世纪90年代，西方新思潮不断涌来，教会纷纷开设孤儿院，号召教友主动收留弃婴，宣传男女平等，官绅合力，遍设西式善堂，建起育婴堂，专收弃婴抚养；有的办仁济堂、同仁堂，给穷人免费供给医药……在慈善机构的干预下，弃婴收容状况才有所好转。但是作为一种陋俗的消亡，路途还很漫长。

最毒无如海洛因

——禁烟戒毒

毒品危害由来已久，在我国历史上，对民众危害最烈的当数鸦片。从明代晚期开始，及至整个清代，鸦片烟堪称“老大”，老百姓就称它为“大烟”，清代“大烟”给中国人民造成深重的伤害，罄竹难书。禁烟英雄林则徐在其奏折中有著名的两句话：“若犹泄泄视之，是使数十年后，中原几无可以御敌之兵，且无可以充饷之银。”

也就是说，大烟最终可以导致亡国灭种。也正因为如此，为禁鸦片，中国与英国之间，爆发了两场战争。中国两次战败，割地赔款，丧权辱国，连首都皇城也任西人肆意蹂躏，把万园之园圆明园烧成了残墙断壁，留下了一片废墟。

鸦片是中国近代史上一道抹之不去的魔影，它像一条妖艳的“美女蛇”，一边翩然起舞，一边肆意地向国人的身心喷吐毒素，给国家、民族以及社会各个阶层造成了深重灾难。20世纪30年代，社会上流传一首谜语：“外国走进一女流，三色鲜花戴满头。摘去鲜花露粉面，一把刀具来割头。头儿虽然未割去，不言不语泪自流。”此谜

▲ 晚清吸大烟的中国人

▲ 1890 年，这一时期吸食鸦片的人在上海随处可见

语的谜底就是大烟，说得也是够形象的。

民国初年没有“禁毒”，只有“禁烟”。后来随着新型毒品传入，始有“烟毒”之说。区分是这样的：有自然来源，如种植出来的鸦片、罂粟等称作“烟”；而通过化学提炼或合成的吗啡、海洛因等则称作“毒”。也可以说，“烟”是所谓“传统毒品”；而“毒”，则是那个时代的“新型毒品”。清末民初人刘豁公《上海竹枝词》云：“最毒无如海洛因，吗啡虽烈逊三分。高居鸦片红丸上，北地人多白面称。”说明海洛因比吗啡毒性更大、更易成瘾。

纵观整个民国时期，“烟毒”既是名词，又是词组，“烟毒”中的两个语素其实是各自有其独立的概念和意义。南京国民政府于1941年颁布的《禁烟禁毒治罪暂行条例》和1946年修正公布的《禁烟禁毒治罪条例》，均延续了上述对“烟”“毒”的定义。既然烟毒危害甚烈，就要全面禁止与戒绝，民国时期的戒烟运动，曾遍及全国各地。种植罂粟，制造鸦片，燃烧后吸食，一直是“吸毒”的最主要内容。但在19世纪初一种新型的毒品吗啡进入中国，一开始它是被当成“大烟”的替代品，而逐渐被国人接受。清廷外务部曾经上奏皇帝：“吗啡系鸦片所炼之精，原为西医药料。而华民每用吗啡药针刺入肌肤，以抵烟瘾。”清朝同治年间吗啡从东南沿海地区流入，逐渐蔓延，并且以惊人的速度增长。当时，这类毒品有各种名字，诸如“红珠子”“白珠子”“金丹”“高根”“红丸”“白面”“白粉”等。民国时期，大规模地在中国制造、贩卖此类毒品的罪魁祸首是日本帝国主义者。

这些毒品之所以能够迅速泛滥，其原因归结起来就是有效成分高、价格便宜、服食方便。对于抽大烟，吸食鸦片，社会上对它的危害认识不深。特别是社会上的名人雅士、豪门权贵抽大烟的很多，起了很坏的示范作用。南京国民政府成立以后，上海也开始全面禁烟，

▲ 1909 年，汇中饭店里出席万国禁烟会的中外代表合影

却无权管理租界。租界里表面上禁止鸦片贸易，仍然有部分鸦片馆是合法的。到了1923年后，法租界又实行烟土公卖，委派黄金荣、杜月笙、张啸林等海上闻人包销烟土。1928年前后，法租界就有“烟馆”8 000余家。一直到法租界取消，鸦片都是半公开销售。

1935年4月，“禁烟”成为征收烟税的借口，遭到普遍反对。为了回应国内外的批评，也为了配合“新生活运动”，蒋介石以国民政府军委会委员长的身份发布“禁烟通令”，宣布实施“两年禁毒、六年禁烟”计划，蒋兼任禁烟总监。1935年，国民政府出台了《禁毒实施办法》和《禁烟实施办法》，这两份文件是禁烟禁毒政策的纲领性法规。“两年禁毒”是指：1935年至1936年底为禁绝烈性毒品之期

▲ 1918 年，上海建在黄浦江边的鸦片焚烧场

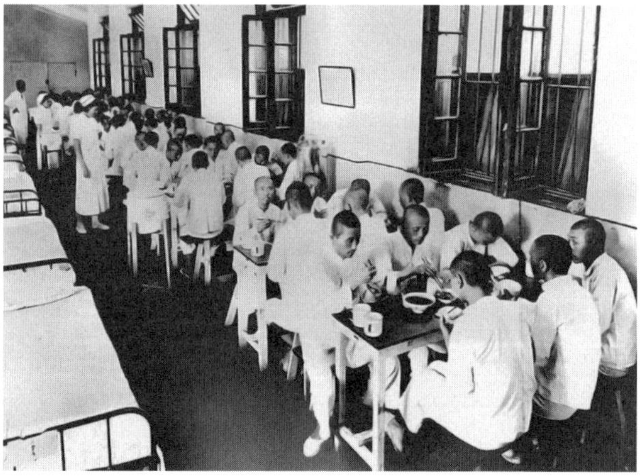

▲ 1937 年，上海戒毒所

限，第一年广设戒毒医所，使吸用毒品者自动投戒，若逾期不戒，延至次年即予重处入刑。若制造、贩运毒品，一律处以死刑。“六年禁烟”是指：自1935年至1940年年底为六年禁绝鸦片期限。分三期禁绝种植鸦片，逐年减少销量，烟民都要登记。党政军人员及学生一律禁吸，违者处以极刑。然而，国民政府的禁令如同“聋子的耳朵”——摆设，虚多实少，反而成为一些腐败利益集团敛财的蹊径。

一场赌博几家贫

——戒赌劝学

陈伯熙《上海轶事大观》云：“沪上洋场十里，为西人势力范围，五方杂处，良莠不齐，故赌博之风虽禁例森严，亦不能清其源也……初泥城桥以西为中国自辖之区，黠者每当赛马之日，公然于此开场聚赌，以收渔人之利……当时西人以权力不隶置之不问，华官耳目不及，亦不过问。”赌博也有不同的种类，如彩票、赛马、跑狗、回力球、吃角子老虎等，属于受西洋文化影响的赌博方式，主要是受西方殖民主义者的影响而出现于中土的。其中，“彩票”源自西班牙，打进了“国际市场”，法国、德国等均起而效行。西班牙彩票约在19世纪60年代初也在我国上海发行。到19世纪末，其敛耗我国民财白银二三千万两，由于清政府不闻不问，银钱大量外流，损失颇重。1898年，美国人首先在上海发行彩票，称为“吕宋票”：

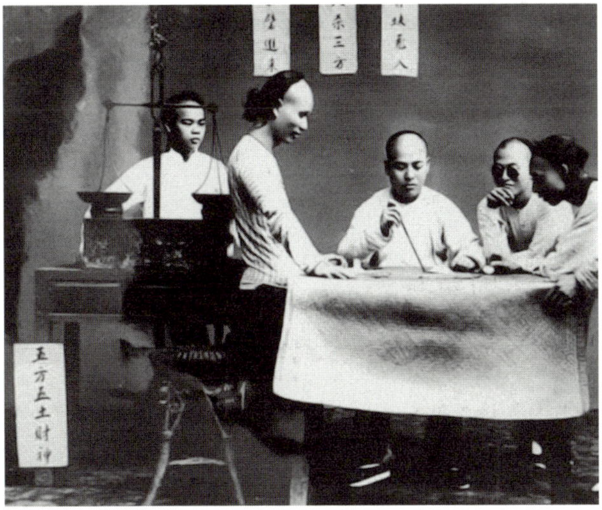

▲ 晚清时期，男子围在一起设赌局的旧影，一旁桌腿贴着“五方五土财神”字幅

“其经售之店集中于棋盘街一带，望衡对宇，鳞次栉比，若‘必得必发’‘连中日中’等店招触目皆是。头彩为三万元，当时人称为发财票，亦有谓之‘白鸽票’者。”彩票店门首大书“头彩尚在”“号单已到”“一本万利”等醒目标语，诱使民众上当。还有一些奸商，则拿着彩票到茶楼酒馆去向人们兜售，从中牟取暴利。

▲ 1929 年 3 月 21 日，黄浦江码头苦力卸货之余，在岸边聚众赌博情形

▲ 20 世纪 30 年代，上海的街头赌博

赛马、跑狗，名义上是娱乐竞技，实质就是一种赌博方式，对此，也为老上海耳熟能详。1863年，跑马厅逐渐向四周扩充，被侵占的土地计达430余亩，他们圈地建造了洋房，又沿马路添造了马房、办公室、大看台等。每逢春秋两季，以跑马总会会员赛马为名公开进行大规模的赌博。这个国际赌场有所谓“独赢”“摇彩”“香槟”等名目，还有“跑马大香槟票”在外兜售（每张10元）。由于赛马、跑狗这类赌博，能够骗取大量的钱财，此后上海郊区江湾、引翔港也有跑马场出现，由于“跑马”生财有道，便翻花样，于1928年开设“逸园”“申园”“明园”，用外国狗追逐电兔，以先到终点者为胜。此中弊端百出，不胜枚举，上海人受骗丧资者无数。从1927年到1937年，上海各游乐场所（如跳舞场、酒吧间等），每个走廊里及穿堂间都搁有一只类似铁箱的东西，叫“吃角子老虎”，是个赌博机器，每天可以赚取大量非法收入。

至于传统的赌博方式，则主要是上海流氓地痞勾结外国人摆设的赌台，那都是采取半公开的形式。各帮的赌博方式不同：本帮以“摇摊”“小牌九”为主，广帮范围较大，有“大牌九”、“小牌九”、

“抓摊”（亦名番摊）、“轮盘”、“廿一门大小”、“勃落克”等。上海的地痞流氓摆设赌台，是从本帮开始的。1937年后，随着日本侵略军控制上海和占领租界，上海赌场有了更大的发展。沪西越界筑路地带的警权移于日伪之手，成为流氓、汉奸的活动“乐土”。赌场林立，受到日伪的包庇。

一个更为普遍的赌博方式即是麻将。由于麻将打法简单，易学易记，立即成为广大民众借以消遣玩乐的一种主要形式。搓麻将之风，不但广泛盛行于各大赌场、妓院和茶楼之中，而且也进入了千千万万普通市民的家庭。更有一种传统的赌博方式叫“花会”，在旧上海中下层民众中具有相当的影响。20世纪初，宁波一带的花会转移到上

▲ 20 世纪 40 年代，上海的街头赌博

海，并在上海南市的猛将堂公开设局，从此上海地区的花会活动便日益兴盛起来。在花会赌博的群体之中，相当一部分是没有受过什么教育的妇女，她们最容易上当受骗，因此，旧上海的花会主持者们也往往是将目光落在她们身上。除上述各种赌博外，上海还有“总会”、“花会”、猜诗谜（金钱赌博）、斗蟋蟀、斗黄鸟等各种变相的赌博。至于翻戏党用赌博来骗人财物，就更是常有的事。直至上海解放后，赌博的恶劣风气才逐渐肃清。而彩票则因为有助于社会公益事业，经过改革后在改革开放时期以新的面貌重新出现，但因为有良好的引导，民众购买彩票更多是一种娱乐遣兴的活动，已基本杜绝赌博的色彩。

▲ 20 世纪 40 年代，流行于社会底层苦力与乞丐的赌博游戏

赌博的本质是一种以投机方式侵占他人钱财的行为，它诱导人们不劳而获，依靠某些具有很大偶然性成分的游戏方式来赢得他人的钱财。清人吴文晖《赌徒》竹枝词云：“相唤相互日征逐，野狐迷人无此酷。一场赌博几家贫，后车谁鉴前车覆。”形象生动地说出了赌博的无穷危害。参与赌博的人不但发不了财，而且还可能将自己的血本输得一干二净，有的甚至还被迫卖房卖妻以作抵押，这种现象在旧时上海滩屡见不鲜。

莫到妓家买欢笑

——废娼努力

娼妓是一个古老的职业。《战国策·东周策》记载：“齐桓公宫中七市，女闾七百，国人非之。”如果从齐国的管仲设置“女闾七百，为一万七千五百家”算起，已经有两千多年，娼妓业的存在，有深刻的社会与经济根源，它是封建社会残害妇女、毒害人民身心健康、危害社会稳定的罪恶制度。1917年，英国有社会学家曾对世界八大都市的公娼人数和城市总人数的比例进行统计，北京、上海的娼妓占总人口的比例居全世界之首，情况不可谓不严重。

清咸丰三年（1853），小刀会起义以后，妓院渐移城外。妓院最早分布在东棋盘街、北海路、广东路、宝善街一带。光绪中叶，由南而北，福州路成为中心。同治三年（1864）公共租界登记在案的妓院有668户，同治十年上海县署统计，登记在案的妓院1 500余家。

▲ 清末上海娼妓“十美”入选者合影

▲ 清末上海福州路上，龟奴正扛着青楼女子出局接客

光绪元年（1875）以后，上海租界的娼妓业愈益畸形发展。据统计，当时公共租界存在的明娼，就有9 791人，至于暗娼的数量就数倍于此了。到1920年，据公共租界工部局调查，上海娼妓总人数超过6万。到1927年上海的公娼和私娼人数又翻了一番。而且娼妓制度还是合法化的，政府对这个行业征税，叫“花捐”，作为官府的收入来源。到20世纪30年代，侵华日军进入上海租界，日伪政府相互勾结，允许烟、赌、娼公开营业，一时间不仅妓院大量增设，变相的妓院和妓女，如按摩院、“响导社”，还有俗称“玻璃杯”的女招待、酒吧女等大量产生。一时间闹得城市风气一塌糊涂。时人慨叹，“上海地方妇女之蹀躞街头者不知凡几，途间或遇相识之人，欢然道故，寒暄

▲ 晚清江南某妓院的女子

笑语，视为固然。此风日甚一日，莫能禁止”。

当然，民国时期的废娼运动也没有停止，限制和取缔妓院也成为热门话题，能不能称为“声势浩大”还不好说，至少是“上海倡之于先，广东继之于后，各方人士次第响应”。有识之士对公共租界内的娼妓业进行调查，并提出5年禁娼的提案。早在1919年，李大钊就在《每周评论》发表《废娼问题》，明确提出应该废除娼妓。那时的许多妇女领袖们更是将废娼作为妇女解放的根本任务之一。1920年4月，《新人》月刊主编王无为和张静庐等人组织了“废娼筹备事务所”，出版相关杂志的专号，将废娼舆论搞得浓浓的，社会上也出现了许多致力于推动废娼的民间社团，促成上海成立“济良所”的社会机构。虽然济良所明面上是保护外国人自身的健康，但这个行动还是引发了中国社会的巨大反响。许多正直善良的人士公开表示支持废娼行动，一场轰轰烈烈的废娼运动逐渐席卷全国。

当时有文人就废娼写下许多竹枝词。其中有一首云：“莫到妓家买欢笑，欢笑过后是号啕。劝尔锦床仔细看，色字头上有利刀。”1931年，全国妇女代表直接向国民议会提交了“严厉禁娼案”，许多妇女问题专家也提出了废娼的理论和方法。表明人们对于娼妓现象已经由道德的谴责，转向了对社会现实的批判。在旧社会制度下，女子沦为娼妓，其本身有很大的经济原因，是不少女子的谋生之道，强行废娼，就意味着她们唯一的生存之道也被堵死了，无助于解放妇女，甚至反而会加剧她们的生存困境。这就产生一种悖论：资本主义制度加剧了饥寒交迫的无产阶级女性卖身以求生，而资产阶级及其代言人又提出禁娼，显然在资本主义制度框架内是不可能根本上解决问题的。

▲ 清末民初，上海滩最高档次的妓女称为书寓，图为清末上海长三妓院的弄堂

这也就给废娼的努力，带来了层层阻力，许多人提出，大众媒体应该广为宣传嫖娼的各种害处，提倡正当的娱乐，呼吁完善婚姻制度，禁止淫秽书刊画报和影戏等，从每个人自身做起，从而使娼妓文化彻底禁绝。民国政府当局在首都南京秦淮河畔也曾有过废娼的努力，然而光是在南京采取驱离、收容娼妓的方式，不可能根本解决娼妓问题，政府既无强大财力与收容场所，社会控制力和治理效率也是低下，更缺乏大规模的社会动员和组织能力……而不久后的世界范围经济危机和大萧条，对中国经济的巨大冲击，也让民国当局找到退却的理由与台阶，以“禁娼不利于市面繁荣”为由下令解禁，不久后，全国各地都恢复了公娼，建设洁净社会和繁荣稳定，自然也就变成了一种难以企及的奢望。

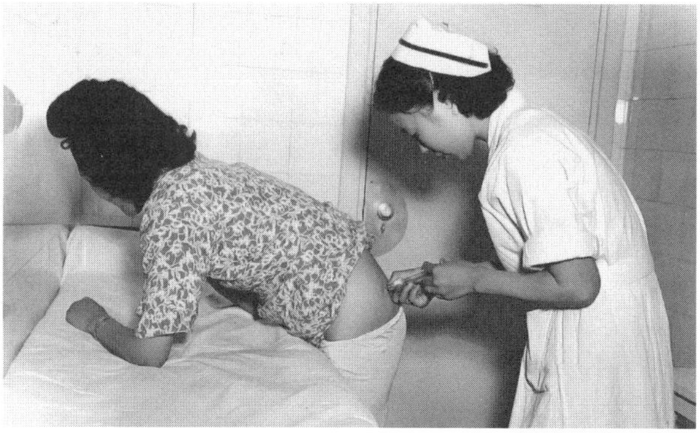

▲ 1946 年 6 月，联合国善后救济总署的工作人员为上海妓女注射新胂凡纳明治疗梅毒

▲ 20 世纪 30 年代，上海公共租界工部局卫生宣传活动周活动

茅檐长扫净无苔

——环境清洁

近百年前的中国，尚处于农业文明向工业文明转型的时代，环境可谓污秽不堪，社会动荡，卫生状况逐渐恶化，且说与上海租界相去不远的华界，包括县城及南市，呈现出的形象完全可以用惨不忍睹来形容，首先是垃圾遍地，污水横流，即使是官府衙门，除了大堂门面之外，亦难觅洁净之地。那个鼎鼎大名的郑观应，可算是近代最早具有完整维新思想体系的理论家和启蒙思想家，算是个见过大世面的人，他对上海老城区卫生的状况这样写道：“余见外国租界街道宽阔平整而洁净，一入中国地界内则污秽不堪，非牛溲马勃即垃圾臭泥，甚至老幼随处可以便溺……”华界许多地方垃圾没有及时清运，导致一些地方“垃圾堆积如山”，每当夏令时节，天气暑热，则臭味难闻，令

▲ 清末民初上海周边地区的一个少年拿着扫把在打扫院落

人掩鼻。此外，就是民众几乎每家每户都用马桶，居民将马桶当街放置，随时冲刷，造成满街马桶，满街臭气。老城厢的护城河以及很多河塘，也是水泄不畅，污浊不堪。“每交夏令，秽气熏蒸，殊于卫生之道大有妨碍”。反观与老城区一河、一桥之隔的公共租界或法租界，则相当整洁，如此反差，即使是一些中国人也看不下去，《申报》刊载过一篇《除秽水以免致病论》的时评文章，提到了租界马路之整洁，租界之饮水卫生，洋场经工部局照西国例收捐修整洁净，不论大小街道逐日按时打扫，各河浜内不准倾倒龌龊，所以大小茶坊及老虎灶水清而熟，民人饮之不致生病……云云，与华界卫生状况形成巨大反差。

开埠初期，农业社会里的农民还没有完全转型成为市民，他们的劳作与生活习惯，还是停留在农业文明的时代。就是以挑粪浇地这一项来说，开埠初期上海县行政管理当局，三令五申要“粪桶加盖”以免臭气熏天，“嗣后挑粪经由街市，一律加用坚紧木盖，以免秽气熏蒸。如敢故违，定提究处不贷”。可制度是定了，抵触犯禁者屡禁不止。因为在农夫看来，粪秽是庄稼地里的肥料，殊可促进农作物生长，根本就没有意识它有悖于公众的环境卫生。以至于时人对于优雅之园林——豫园里外，也发出了感慨：“溺桶粪坑，列诸路侧，九曲池中水不畅流，且其中掷瓜皮者有之，倒垃圾者有之，以最雅之处易而为龌龊之场……”

环境卫生成为一个社会问题，垃圾堆积，沟渠淤塞，蚊蝇群集，各种传染病肆虐，也影响着国人的生命健康。1927年南京国民政府成立之后，决定将上海设立为“特别市”，城市形象与国民素质紧密相关，1928年，上海市颁布了《大上海卫生设计意见书》，体现出其彻底整治“秽气塞途”这种不文明现象的决心。

▲ 20世纪30年代，上海街道清洁工群像

于是，为期近10年的华界垃圾治理行动正式开始，将华界各区划分为7大段，每一大段都设1名专职管理员，并雇佣“清道夫”及垃圾车夫若干，一旦发

▲ 20 世纪 40 年代，上海环卫清洁工人正在清洗打扫人行道

▲ 1948 年，上海环卫清洁工人作业情景

现街头有垃圾，则立即清扫并运送至相应的垃圾场。每一名卫生管理员都受过专业的培训训练，每天只需对“清道夫”的工作进行监督即可。当时还规定，每一户市民必须保持家门口干净整洁，不得乱扔垃圾而弃之不管，每天倾倒垃圾必须在上午10点之前完成。但凡违规乱扔垃圾或超时倾倒垃圾的，根据实际情况罚金5角至20元不等。

为加强对民众的卫生观念，上海市卫生局各级官员还时常来到街头，亲自向民众示范如何倾倒垃圾，包括倾倒垃圾的正确位置，以及需注意的特别事项，沪上各大报刊也在市政府的要求下，纷纷撰写相应文章，或介绍西方城市治理的情况，或宣传正确的处理垃圾方式，推进环境卫生的文明观念。要民众与昔日不讲卫生的习惯彻底告别。20世纪30年代，大规模实施的改建公共厕所、公共垃圾箱以及大型垃圾填埋场的建设等，都是在上海市民建议下促成的。许多民间社会团体与机构也参与到整治城市环境的活动中来，予以大量资金援助，经过10年的整治，上海市华界初步建成了官民一体的卫生治理体系。

宋王安石《书湖阴先生壁》有诗云：“茅檐长扫净无苔，花木成畦手自栽。”茅草房庭院经常打扫，就可以洁净得没有一丝青苔。尽管民国存在诸多不足，但重视环境卫生和洁净的市容市貌，还是值得称道的。

阳春白雪同掩鼻

——公厕变迁

著名诗人、散文作家聂绀弩，作诗新奇而不失古韵，常发幽默辛辣之语，在《清厕同枚子之一》诗中写道：“君自舀来仆自挑，燕昭台畔雨潇潇。高低深浅两双手，香臭稠稀一把瓢。阳春白雪同掩鼻，苍蝇盛夏共弯腰。澄清天下吾曹事，污秽成坑便肯饶？”聂绀弩作诗不拘俗或雅，出彩的都是其中的思想而非文辞。还有一首《清厕同枚子之二》云：“手散黄金成粪土，天将大任予曹刘。”由清厕所而及黄金如粪土，恰合了诗词的“比兴”之道，所以才有了所谓“俗中见雅”的感觉，擅长以极小之事，说极大之理，类似扫厕所诗里的“澄清天下吾曹事”这种襟怀，也是一般自命清高、装得厉害的文人所无。

人们生活离不开吃喝拉撒睡，有饮食必有排泄，古人用“出恭”“如厕”来文雅地表达，古代的“厕所”及“厕所文化”也在不断更新。尤其路边道旁出现了“厕所”开始，就开启了古代中国人的“厕所文化”之旅。近世以来，1843年，上海人口只有20来万，10年后，猛增到54万多，1880年已超百万。然而，公共厕所建设却没有跟上，城里城外许多人每到紧急处都要四处寻找厕所。实在来不及也就在墙根下、小弄堂僻静处“随意

▲ 晚清吴友如画宝《迎紫姑神》

▲ 据说这是上海最老的公厕，未作考证

▲ 20 世纪 30 年代，上海华界闸北的一公厕

▲ 20 世纪 30 年代，上海男公共厕所门前工部局的告示牌

方便”了。一旦被巡捕抓住，起码罚3角钱，最多罚到2元银洋。当时的2元银洋可买几十斤大米，这个代价也非同小可。

清同治三年（1864），租界工部局在南京路虹庙后，建成第一座公共厕所。此后地方绅董胡文炜等11人，在华界南路，集资建造公坑1座，作为华界第一座公有公厕使用，时间是清光绪十二年（1886）。此后，光绪二十五年，公共租界工部局卫生处始用水泥混凝土建造公共厕所。第二年，他们一口气用水泥混凝土建造了6座公有公厕。至1929年，公共租界共建水冲式公厕23座。租界当局在大量建造水冲式公厕的同时，在行人密集和工人、小商贩集中地段，也建造设施简陋的简易公厕。

租界做示范，华界跟上来。据《上海环境卫生志》载：1917年，公董局在法租界老西门菜场和孟神父路（今永善路）菜场附近，建造上海市区最早附有管理室的公厕各1座。1930年4月，华界公有公厕统由马鸿记专利出资建造，建成开放后，除向市财政局缴纳规定的“清洁捐”外，10年内厕所产权及售卖草纸、粪便出售经营权归建造公厕的承包商所有；10年后，公厕产权、经营权无条件收归国有。

日伪统治上海时期，原市区华界地域公有公厕几无建造。1948 年北火车站旅客、难民增多，车站周围“屎尿遍地”，市内平江、江淮、吴江、扬州、江宁等公所、会馆人口大增，当局恐碍观瞻，又怕滋生时疫，市卫生局在北火车站四周建造了 8 座公有公厕，在公所、会馆处也建造了 6 座芦席棚结构的简易公厕。

有公厕，就会有相对应的“厕所文化”，清末大名鼎鼎的维新派代表人物康有为在《大同书》里还描绘过“大同社会”的厕所：“以机激水，陶荡秽气，花露喷射，花香扑鼻。”尤其是一些关于厕所的对联，或庄或谐，或雅或俗，谐趣横生，寓意深长，清人魏善伯运用两个与厕所有关的典故撰写的对联：“文成自古称三上，作赋而今过十年”，含蓄清新，典雅大方，令人叹服。另有一联曰：“有时诗句成其上，莫遣飞花落此中。”上联用欧阳修典；下联则用六朝范缜“飘茵落溷”典，也可谓妙笔生花。将形而下的污浊之地净化成形而上的“道场”的，还有清末学者李淡愚题某厕所的一副对联：“有小便宜，得大解脱”，颇有意蕴，“便宜”是“便宜行事”的“便宜”，可作“方便法门”解；“解脱”是佛家语，上下连起来读，对联仿佛是在讲成佛之道。其二是：“有小便，宜；得大解，脱。”语意浅显，无须解释。一联双解，亦庄亦谐，令人忍俊不禁。如厕联中虽不乏如以上数联之典雅，或以意境取胜者，然更多却是诙谐幽默之作。旧时有公厕曾悬有一联：“任他盖世英雄，入此门，还得低声下气；凭你齐天大圣，闯其所，只宜屈膝弓腰”，对仗工整，意趣盎然。真可谓：如厕但见诗意美，出恭犹闻翰墨香。

▲ 20 世纪 40 年代末，上海大洋桥地区的公共厕所

图书在版编目(CIP)数据

江南风俗图录. 第6卷, 春生弦诵 / 仲富兰著. 上海 : 上海辞书出版社, 2025. -- ISBN 978-7-5326-6277-7

Ⅰ. K892.45-64 ; K295-64

中国国家版本馆 CIP 数据核字第 2024A0W967 号

"十四五"国家重点出版物出版规划项目
国家出版基金资助项目
上海文化发展基金会图书出版专项基金资助项目

江南风俗图录·第6卷·春生弦诵

仲富兰 著

策划统筹	朱志凌	**题　　签**	邓　明
责任编辑	朱志凌	**篆　　刻**	潘方尔
特约编辑	钱　琼	**英文翻译**	唐玥芳
责任校对	左钟亮	**英文校译**	秦　悦
技术编辑	楼微雯	**图　　片**	均由作者提供
整体设计	零贰壹肆设计工作室		

出版发行 上海世纪出版集团
上海辞书出版社®(www.cishu.com.cn)
地　　址 上海市闵行区号景路159弄B座(邮政编码:201101)
印　　刷 南京爱德印刷有限公司
开　　本 787毫米×1092毫米　1/16
印　　张 17.5　插页5
字　　数 340 000
版　　次 2025年10月第1版　2025年10月第1次印刷
书　　号 ISBN 978-7-5326-6277-7/K·1274
定　　价 128.00元

《江南风俗图录（1840—1949）》（全十卷）

“十四五”国家重点出版物出版规划项目、国家出版基金资助项目《江南风俗图录（1840—1949）》（全十卷）立足近代风俗史与图像史研究的交叉领域，系统梳理百年间江南民间生活形态、民间文化传承及社会变迁轨迹，通过动态视角深入研究最普通、最普遍的民间日常生活的历史演进。作者仲富兰教授整合数十年积累和研究的图像史料，以图史互证为方法论，辅以大量民间竹枝词等风土纪事文献，全景式记录了近代中国社会生活的转型历程与多元民俗风貌，生动再现了市井生活的烟火气息。全书按风味饮食、服饰冠履、民居建筑、行旅交通、生产商贸、文教卫生、娱艺体育、人生礼仪、岁时乡情、生活信仰等主题分卷编纂。

全书辑录3 200余幅珍贵老照片、民俗画作等历史影像，以图像叙事为经，以风俗流变为纬，构建起一部立体化、可视化的江南民俗图谱。这些泛黄的影像既凝固了百年市井生活的瞬间，又以细腻笔触还原传统节庆场景，使读者得以直观把握江南地区岁时习俗、衣食住行、婚丧嫁娶等民俗的演化轨迹，较之纯文字叙事更具现场感染力。编纂体例上独创性地穿插历代江南竹枝词，实现朗朗上口的诗词文本与风俗史事互为映照。譬如以“妾在船头偷看郎，郎骑白马好风光”的竹枝词解读江南婚俗，既赋予学术论述以诗意美感，又通过民间话语补足了历史细节，使宏大叙事浸润日常肌理，彰显日常生活的本真状态。

从学术层面看，《江南风俗图录》突破了传统风俗史研究单一的文字叙述模式，开创了“图像+文献+文学”多元互证的研究范式，为我国地域民俗文化研究提供了新的方法，堪称融民俗文化、社会史、视觉文化研究于一体的江南民俗文化图谱，兼具学术开拓性与出版稀缺性价值。无论学术研究者、文化从业者或普通读者，都能从中领略江南千年文脉的深厚底蕴与独特审美。

《江南风俗图录 · 第 1 卷 · 饭稻羹鱼》
《江南风俗图录 · 第 2 卷 · 衣香鬓影》
《江南风俗图录 · 第 3 卷 · 深巷低窗》
《江南风俗图录 · 第 4 卷 · 车动马喧》
《江南风俗图录 · 第 5 卷 · 市井食货》
《江南风俗图录 · 第 6 卷 · 春生弦诵》
《江南风俗图录 · 第 7 卷 · 闲暇趣玩》
《江南风俗图录 · 第 8 卷 · 礼敬人生》
《江南风俗图录 · 第 9 卷 · 岁时乡愁》
《江南风俗图录 · 第10卷 · 春祈秋报》